KB268366

다치고,
상처 받고,
그래도 나는 다시

김이율 지음

루이앤휴잇

오늘 하루도 후회 없이 살았는가?

TIME FOR CHANGE

Dream
Inspire
Courage
Harmony

"I HAVE A DREAM"...

더 이상 과거의 아픔이나 상처와 싸우지 마라!

너무 먼 길 보다는 가까운 길을 먼저 봐야 한다.
우리가 찾는 해답은 의외로 가까운 곳에 있는 경우가 많다.

"많이 넘어진 사람일수록 쉽게 일어선다.

그러나 넘어지지 않는 방법만을 배운 사람은 일어서는 법을 모르게 된다."

Never Stop
DREAMING

가장 위대한 열정은 멈출 줄 모르는 도전이다.

삶에 결코 다음이란 없다. 이것이 우리가 매일 최선을 다해야 하는 이유다.

흔들리지 않고 피어나는 삶이 어디 있으랴

시인 도종환은 이렇게 노래했다.

흔들리지 않고

피는 꽃이 어디 있으랴.

이 세상 그 어떤 아름다운 꽃들도

다 흔들리면서 피어난다.

우리의 삶 역시 마찬가지다.

'지금 당신의 삶은 행복합니까?'라는 질문에 '예'라고 자신 있게 대답할 수 있는 사람이 과연 얼마나 될까.

물론 행복한 날도 있었을 것이다. 하지만 그건 잠깐이고 대부분은 그 반대인 경우가 많다. 그런 의미에서 지나온 길을 한 번 되돌아볼 필요가 있다.

평탄한 길보다는 거칠고 위험한 길이 대부분이었을 것이다. 눈만 뜨면 반복되는 일상과 과도한 업무, 풀리지 않는 인간관계, 사라져버린 꿈, 뜻하지 않는 불행, 실패의 그늘….

산다는 게 고행이라는 말이 그냥 나온 것이 아니다. 그럼에도 불구하고, 분명한 것은 우리가 이렇게 이 자리에 살아있다는 것이다.

그렇다. 삶이 계속 되는 한 살아야 한다. 그것이 바로 삶에 대한 예의이자, 나 자신에 대한 믿음이며, 미래에 대한 희망이기 때문이다.

이 책은 아프고, 상처받고, 흔들리는 이들에게 조금이나마 마음의 위안을 주고 긍정의 힘을 북돋아주고자 만들어졌다. 이에 지금 남보다 조금 부족하다고 해서 뒤로 물러서거나 삶을 회피하지 않았으면 한다.

땅 밖으로 나와 있는 씨앗은 결코 싹을 틔울 수 없으며, 열매 역시 맺을 수 없다. 싹을 틔우고, 열매를 맺기 위해서는 땅 속에 고개를 처박고 몇 날 며칠 동안 숨을 죽이며 어둠의 시간을 인고하며 견디는 시간이 필요하다. 그러고 나서 죽을힘을 다해 단단한 땅을 뚫고 나와야만 비로소 싹을 틔울 수 있고, 아름다운 열매를 맺을 수 있다.

다큐멘터리 영화 〈파울볼〉은 '야구의 신'이라 불리는 김성근 감독이 맡았던 우리나라 최초 독립야구단 〈고양 원더스〉의 파란만장한 스토리를 담고 있다. 프로야구팀에서 내쫓기거나 선발되지 못한 오합지졸들이 모인 팀이 강한 팀으로 변하는 과정 속에서 겪게 되는 눈물과 감동의 이야기가 주된 내용이다.

영화 시사회에 참석한 김성근 감독은 이런 말을 한 바 있다.

"야구나, 인생이나, 영화나 그 속에는 진실이 담겨있다고 생각한다. 그것이 세상을 살아가는 기본이 아닌가 싶다. 실패하더라도 다시 시작할 수 있는 기회가 충분히 있다. 비록 인생은 시행착오의 연속이지만 자신이 어떻게 하느냐에 따라 결과가 바뀔 수도 있다."

《해리포터》 시리즈로 인생역전에 성공한 조앤 K. 롤링이 하버드대 졸업식에서 했던 말 역시 귀담아 들을 필요가 있다.

"여러분이 하버드대 졸업생이라는 사실은 곧 실패에 익숙하지 않다는 뜻이기도 합니다. 하지만 명심할 것이 있습니다. 그것은 바로 성공에 대한 열망만큼이나 실패에 대한 공포가 여러분의 삶을 좌우할 것이라는 것입니다."

희망만이 답이다. 사람은 자기만의 인생 동전을 가지고 있다고 한다. 그 동전에는 앞면에 절망이라는 이름이 새겨져 있으며, 뒷면에는 희망이 새겨져 있다. 지금 그 동전을 하늘 위로 던져보자. 손바닥 위로 떨어진 동전은 과연 어떤 면인가? 희망이 나왔다면 그대로 믿으면 된다. 그러나 절망이 나왔다고 해도 희망이라고 믿어야 한다.

얼마 전, 과학자들은 편안한 삶이 생명을 연장시키는지, 단축시키는지에 관한 특별한 실험을 실시한 바 있다.

그들은 동물을 두 그룹으로 나눈 후 한 그룹은 아주 좋은 환경에서 충분한 먹이를 주고 편안히 살도록 했으며, 다른 그룹은 생명의 위협을 가했을 뿐만 아니라 음식 역시 조금만 주었다. 과연 어떤 결과가 나왔을까.

그 결과는 실로 놀랍다. 좋은 환경에서 충분한 먹이를 먹고 살았던 동물들이 먼저 시름시름 앓기 시작했기 때문이다. 삶에 대한 의욕과 열정이 없었기 때문이다.

그런 의미에서 적당한 고통과 고난은 우리로 하여금 삶에 대한 의지를 더 강하게 북돋아주는 역할을 하는지도 모른다. 그렇다면 고통과 고난 역시 삶의 한 부분이라는 사실을 받아들여야만 하지 않을까.

산다는 것은 절망과 희망의 끊임없는 반복이자 싸움이다. 무더운 여름을 잘 견뎌야만 시원한 가을바람을 맞을 수 있고 혹독한 겨울을 보내야만 꽃이 만발한 봄을 껴안을 수 있듯이, 절망 끝에는 언제나 희망이 기다리고 있다. 따라서 우리는 삶이라는 싸움에서 반드시 이겨야만 한다. 그리고 절망보다는 희망이 더 우월하다는 사실을 스스로 증명할 필요가 있다.

살면서 한 번도 쓰러지지 않는 사람은 없다. 누구나 몇 번쯤 넘어지고, 상처를 받는다. 하지만 이때 사람들의 선택은 둘로 나뉜다. 다시 일어서서 달리는 자와 그대로 멈춰버리는 자. 그 선택에 누구도 간여할 수 없다. 자신을 일으켜 세우는 것은 결국 자기 자신밖에 없기 때문이다.

흔들리지 않고 피어나는 삶은 없다.

삶이 외롭고 힘들 때, 다치고 상처받을 때 다음과 같이 주문을 외우며 마음 속의 각오와 열정을 다시 한 번 다져보자.

"다치고, 상처받고, 그래도 나는 다시!"

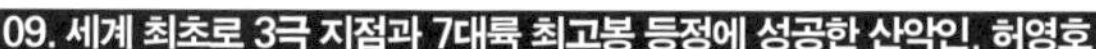

01

퇴임 후 더 존경받는 울보 대통령, 룰라

깊은 절망 속에서도
담대한 꿈을 창출하라

많이 넘어진 사람일수록 쉽게 일어선다.

반대로 넘어지지 않는 방법만을 배우면 배울수록

일어서는 법을 모르게 된다.

걸핏하면 넘어지는 사람은

'나는 일어서기의 명수'라는 자부심을 가져라.

그것이 인생을 즐겁게 보내는 비결이다.

_사이토 시게타

"진짜 삶은 절망의 끝에서 다시 시작된다"

2010년 가을, 서울에서 G20 정상회의가 개최되었다. 이에 세계를 움직이는 각국의 정상들이 회의장에 속속 모여들었다. 그 중에는 미국 최초의 흑인 대통령인 버락 오바마도 있었다. 회의가 본격적으로 진행되기에 앞서 오바마는 기자들과 인터뷰 시간을 가졌다.

한 기자가 오바마를 향해 다음과 같은 질문을 던졌다.

"대통령님, 세계의 많은 젊은이들이 대통령님을 인생의 롤 모델로 삼고 있습니다. 혹시 대통령님도 인생의 롤 모델이 있으신가요?"

알 듯 모를 듯한 미소를 머금은 오바마는 목소리를 가다듬은 후 질문에 답했다.

"당연히 있습니다. 노예해방을 선언한 링컨 대통령도 저의 롤 모델이고, 흑인들의 인권운동에 평생을 바친 마틴 루터 킹 목사 역시 제 마음 한편에 자리 잡고 있습니다. 하지만 지금은 다른 분이 제 인생의 롤 모델입니다."

"그 분이 누구입니까?"

"그분은 바로 브라질 대통령이셨던 '룰라'입니다. 그분이야말로 세계에서 가장 인기가 많은 대통령 아닙니까? 8년 임기를 마치고 퇴임하는 대통령의 지지율이 80%가 넘는다는 건 참으로 놀라운 일입니다. 이에 국민의 열렬한 사랑을 받고 있는 그분이 지금은 저의 우상이며, 그를 깊이 존경하고 있습니다. 그런 점에서 한동안 저의 롤 모델은 바뀌지 않을 것 같습니다."

룰라 역시 오바마처럼 많은 풍파를 겪은 정치인이었다. 하지만 그 많은 풍파와 인생의 무게를 놓고 굳이 비교하자면 룰라에게는 오바마조차도 쉽게 범접할 수 없을 만큼 엄청난 고난과 역경이 있었다. 그런 점에서 어쩌면 그 인생의 무게가 지금의 그를 만들었는지도 모른다.

브라질 제39대 대통령인 루이스 이나시우 룰라 다 시우바. 그는 한 언론과의 인터뷰에서 자신의 유년시절에 대해 이렇게 회상한 바 있다.

"나에겐 유년시절이 없었습니다. 생각하기도 싫습니다."

인터뷰를 하는 도중 그의 눈망울은 촉촉이 젖어 있었다.

대부분 사람들이 유년시절을 아름답고 행복한 추억으로 기억하는 것과는 전혀 상반된 표정이었다. 얼마나 고통스럽고 힘든 시절을 보냈으면 그 시절을 기억 속에서 도려내고 싶을 정도라고까지 말하는 것일까.

기억하기조차 싫은 어린 시절

1945년 10월 27일, 브라질 페르남부쿠의 한 빈민촌에서 산모 한 명이 아이를 낳기 위해 사투를 벌였다. 여자는 주먹을 불끈 쥐고 젖 먹던 힘까지 모두 쏟았다. 힘을 주면 줄수록 하늘이 무너지고 땅이 갈라지는 듯한 고통이 온몸으로 전해졌다.

"그래, 됐어. 이제 어깨만 나오면 돼."

산파는 조심스럽게 세상 밖으로 나오려는 아이의 어깨를 잡고 쭉 잡아당겼다. 눈이 크고 얼굴색이 뽀얀 아이가 세상에 나오는 순간이었다.

엄마는 아이를 품에 안은 채 기뻐했다. 그리고 간절한 마음으로 이렇게 기도했다.

'이 세상에 울면서 태어났으니 세상을 살아가는 동안은 항상 웃으면서 살렴.'

엄마의 마음을 느꼈는지 아이는 방긋 미소를 지었다. 그 아이가 바로 '룰라'다.

룰라는 8남매 중 7번째로 태어났다. 부모님의 사랑을 똑같이 받으며 자라야 했지만 반쪽 사랑밖에 받지 못했다. 아버지가 그의 곁에 없었기 때문이다. 그의 아버지는 다른 여자와 이미 딴살림을 차린 지 오래로 어쩌다 한번 집에 들르는 것이 전부였다. 그때마다 그는 폭력을 휘두르고 난동을 부렸다.

어린 룰라의 눈에 비친 아버지의 모습은 폭군에 가까웠다. 따라서 그의 형제들은 엄마에게 더 큰 애착을 느꼈다. 하지만 엄마 혼자 일해서 8명의 자식을 키우기에는 무리가 있었다. 더군다나 그 지역에 큰 홍수가 나는 바람에 그 동안 지었던 농작물이며 집을 모두 잃고 말았다.

이에 룰라가 일곱 살 되던 해, 엄마는 중대한 결심을 했다.

'이대로는 안 되겠어. 이곳을 떠나야지. 어디든 여기보다는 나을 거야.'

이윽고 엄마는 짐을 싸기 시작했다. 하지만 짐이라고 해봐야 냄비 몇 개와 이불 서너 개가 전부였다.

어느 날, 트럭 한 대가 집 앞에 섰다. 말이 트럭이지 짐칸조차 따로 없는 허접하고 오랜 된 트럭이었다. 그러나 룰라의 눈에는 마냥 신기하고 멋져 보였다. 더욱이 차를 타고 집을 떠난다는 것은 어린 룰라에게 있어 행복한 여행이자 모험이었다. 룰라는 설레는 마음으로 트럭에 올랐다. 하지만 트럭이 출발하고 얼마 지나지 않아 그 설렘은 두려움과 긴장감으로 바뀌고 말았다. 기댈 곳조차 없어 운전사가 브레이크를 밟기라도 하면 중심을 잃기 일쑤였기 때문이다. 자칫 잘못했다가는 트럭에서 떨어질 판이었다. 때문에 정신을 바짝 차려야 했다.

트럭은 먼지를 일으키며 상파울루를 향했다. 하지만 길이 거칠어서 가는 내내 심하게 출렁거렸다. 그러다보니 채 몇 분도 되지 않아 속이 울렁거리고 머리가 아파왔다.

"엄마, 나 어지럽고 배가 아파. 차 좀 멈추면 안 돼?"

"곧 도착할 테니, 조금만 참으렴."

룰라는 곧 도착할 거라는 엄마의 말을 믿고 목구멍으로 올라오는 신물을 꿀꺽 삼켰다. 그러나 트럭은 하루가 지나도 멈추지 않았다. 어린 나이의 룰라가 감당하기엔 너무나도 힘든 고행 길이었다. 이동거리만 해도 장장 3,000km에 달했다. 그렇게 해서 룰라의 가족은 비좁고 낡은 트럭에서 무려 13일을 보내야 했다.

가족들은 배고픔과 피곤함으로 인해 몸과 마음이 황폐해졌다. 그런데 더 충격적인 일은 이동 중에 본 세상의 풍경이었다. 길거리에는 헐벗고 병든 사람들이 여기저기에 쓰러져 있었다. 어떤 아이들은 배가 고픈 나머지 흙을 퍼 먹기도 했다. 그야말로 참혹한 광경이었다.

"엄마, 우리 어디로 가는 거야?"

"좋은 곳으로 가는 거야."

"좋은 곳? 그럼 그곳에 가면 배불리 먹을 수 있는 거야?"

그러나 엄마는 아무 말이 없었다.

상파울루에 도착한 룰라 가족은 빈민촌에 짐을 풀었다. 하지만 고향집이나 그곳 생활이나 별반 다를 바 없었다. 여전히 먹을 것이 부족했다. 하루 종일 쫄쫄 굶다가 밤늦게 생선 두 마리를 8남매가 나눠먹는 일이 계속 이어졌다.

몸이 혹사당해도 참아야만 했던 나약한 노동자

가난은 그의 형제들을 일찍 철들게 했다. 이에 누나들은 남의 집에서 식모살이를 했고, 룰라 역시 어린 나이에 일을 해야만 했다. 초등학교에 들어가긴 했지만 가정 형편상 학업을 중단할 수밖에 없었다.

일곱 살 룰라는 길거리로 나섰다. 그리고 지나가는 사람들을 상대로 장사를 시작했다.

"땅콩 사세요. 오렌지도 있어요."

목이 터져라 외쳤지만 허탕 치는 날이 더 많았다. 어떤 날은 길거리를 지나가는 사람들보다 물건을 팔려는 아이들이 훨씬 더 많았다. 가정 형편이 어려워서 학업을 포기하고 길거리로 쏟아져 나온 아이들이었다. 그렇게 해서 룰라는 밤늦게 집에 돌아와 누나들이 식모살이해서 얻어 온 음식으로 허기진 배를 채우고 새우잠을 잤다.

땅콩과 오렌지 파는 것으로는 먹고살기 힘들어 구두닦이도 병행했다. 그러나 수입은 그다지 나아지지 않았다. 길거리 장사는 희망이 없었다. 이에 룰라는 길거리 장사를 그만두고 열다섯 살이 되던 해, 국가기술연수원에서 지원하는 기술 선반공 자격증 과정에 등록했다. 그리고 3년 동안 착실히 교육을 받았다. 그러는 동안에도 생계를 위해 철강공장 일을 병행했다.

그러는 동안 그에게도 난생 처음 꿈이라는 게 생겼다. 가진 것 없고, 배운 것은 없지만 마음속에 간직한 꿈은 마음을 풍요롭게 하고 삶의 생기를 북돋아주었다. 묘한 흥분을 느끼기까지 했다. 기술자가 된다는 게 남들이 보기엔 우스운 일일 수도 있지만 그에겐 그 무엇과도 바꿀 수 없는 원대한 꿈이었다. 기술자가 되면 공장에서 계속 일할 수 있어 배를 곯지 않아도 되기 때문이다. 그것만으로 충분했다.

그는 하루도 쉬지 않고 열심히 일했다. 하지만 매일 반복되는 일과 쉴 틈 없이 일하는 작업환경으로 인해 몸은 천근만근 점점 망가져갔다. 그렇다고 멈출 순 없었다. 멈추는 순간, 공장에서 쫓겨나기 때문이다. 열악한 작업환경이었지만 먹고살기 위해선 몸이 혹사당해도 참아야 했다.

그러던 어느 날, 그에게 뜻하지 않는 사고가 발생했다. 밤샘 작업을 하다 그만 선반 기계에 손이 끼고 만 것이다. 아악. 선반 기계에서 피가 뚝뚝 떨어졌다. 기계에 낀 손을 뺐지만 이미 왼손 새끼손가락이 절단이 된 상태였다. 하지만 상처 부위를 대충 헝겊으로 둘둘 마는 게 치료의 전부였다. 자신이 부주의했던 점도 어느 정도 있지만 분명 일을 하다가 다친 것이었다. 그럼에도 불구하고, 그는 산업재해에 따른 그 어떤 보상도 받지 못했다. 하지만 그 억울함을 누구에게도 하소연할 수 없었다. 괜히 잘못 나섰다가는 공장에서 쫓겨날지도 모르기 때문이었다. 한 마디로 그는 나약한 노동자에 불과했다.

절망의 끝에서 희망을 찾다

그 후에도 그는 공장에서 계속해서 선반 일을 했다. 언제 또 다칠지도 모른다는 생각에 가슴 조이는 날의 연속이었다. 하루하루가 우울하고 재미없었다. 그러던 그에게 꽃 피는 봄날이 찾아왔다. 삭막하고 답답하기만 했던 그곳에서 한 아가씨를 만나게 된 것이다.

"잠깐 쉬면서 이거 한 잔 마시세요."

"예, 감사합니다."

"룰라 씨는 참 성실하신 것 같아요. 다른 사람들은 공장일 끝나면 술도 한 잔 하러 가는 것 같던데……."

"제가 너무 일밖에 모르죠? 그래요, 전 재미없는 사람이에요."

"아니, 그런 뜻이 아닌데……."

그렇게 해서 두 사람은 곧 사랑에 빠졌다. 그리고 곧 결혼식을 올렸다. 공장 일이 힘들었지만 그래도 한 공간에서 사랑하는 사람과 함께 일한다는 것만으로 충분히 위안이 되었다. 행복한 나날이 이어졌다. 하지만 그것도 잠시뿐.

그에게 청천벽력 같은 일이 또 일어나고 말았다. 다음 달에 출산을 앞두고 있던 아내가 큰 병에 걸리고 만 것이다. 열악한 현장, 밤샘 작업 등으로 인해 큰 병이 찾아온 것이다. 결국 아내는 며칠 동안 시름시름 앓다가 정신을 잃고 말았다.

"여보, 일어나. 정신 차려봐."

아내는 끝내 일어나지 못했다. 뱃속에 있는 아이까지도 세상의 빛을 보지 못한 채 죽고 말았다. 하루 사이에 이 세상에서 가장 소중한 사람 둘을 한꺼번에 잃은 룰라는 살아도 사는 게 아니었다. 세상이 지옥이었고 사는 것 자체가 고통이었다.

'살아야 할 이유를 모르겠어. 내가 왜 지금 여기에 있는 거지.'

절망의 심연 속에서 허우적거리는 나날이 계속되었다. 더 이상 잃을 것도, 삶에 대한 애착도 없었다. 그래서일까. 오히려 마음이 편안해졌다. 그리고 그렇게 무념의 상태로, 하얀 백지 상태로 며칠을 보내고 나니 배가 고파왔다. 생각이 단순해지니 본능적인 욕구가 밀려온 것이다. 희한하게도 가장 절망적인 상황 속에서 살아야겠다는 생각이 그의 머릿속을 맴돈 것이다. 그렇게 해서 그의 두 번째 삶은 절망의 끝에서 다시 시작되었다.

마음을 다잡은 그는 두 주먹을 불끈 쥐었다. 그러자 마음속에서 뭉클한 무언가가 꿈틀거리기 시작했다. 바로 꿈이었고, 희망이었으며, 세상에 대한 외침이었다.

'이 불행은 나로서 끝내야 해. 더 이상 새끼손가락을 잃는 사람도, 사랑하는 사람들을 먼저 떠나보내는 일도 없어야 해. 내가 이 세상을 바꿀 거야. 가난한 사람도 인간답게 살 수 있도록 최저생계비를 보장받을 수 있게 만들 거야. 내가 반드시 해낼 거야.'

노동계의 투사가 되다

그에게 찾아왔던 일련의 아픔들은 그를 아프고 힘들게도 했지만 그를 더 단단하고 강하게 만들었다. 이에 그는 노동운동에 투신했다. 그리고 차츰 불합리하고 불공평한 현실에 눈을 떠갔다. 그의 열정과 잠재력을 알아본 동료들은 그를 노조위원장으로 적극 추천했다.

"룰라, 자네만큼 아픔을 가진 사람이 어디 있겠나? 자네라면 우리들의 입장을 잘 대변해줄 수 있을 거야. 그러니 노조위원장 선거에 출마해 보도록 해."

그렇게 해서 룰라는 1975년 노조위원장 선거에 출마해 압도적인 지지를 바탕으로 위원장에 당선되었다. 그는 당선 소감으로 이렇게 말했다.

"여러분, 우리는 노동자이기 전에 인간입니다. 이 세상은 누구의 것입니까? 부자들의 것입니까? 기업주의 것입니까? 국가의 것입니까? 아닙니다. 바로 우리들의 것입니다. 우리와 같은 사람들의 것입니다. 제 청춘을 바쳐

노동자가 대우 받는 세상, 가난한 사람들이 살아갈 수 있는 세상을 만들겠습니다. 이에 임금 인상을 요구합니다! 근로조건 개선을 요구합니다! 고용 안정 보장을 요구합니다!"

룰라는 선봉에 서서 투쟁의 깃발을 올렸다. 이를 위해 시내 광장에서 집회를 열고 노동자들의 미래를 위한 개선 사항 및 제도 개선을 기업과 정부 측에 적극 요구했다. 하지만 기업과 정부는 꿈쩍도 하지 않았다.

"여러분, 우리의 요구가 관철될 때까지 총파업으로 맞섭시다!"

1980년 4월 룰라는 대규모 총파업을 주도했다. 총파업은 41일 동안 계속되었다. 이를 통해 룰라는 어느새 노동자들의 희망, 노동운동의 상징이 되었다.

당시 군부독재 정권은 총파업을 주도한 룰라를 눈엣가시처럼 생각했다. 결국 정권은 그를 국가보안법 위반이라는 죄명으로 구속했다. 그러나 그가 구속되었다는 소식이 알려지자 종교계와 재야, 시민들이 앞장서서 그의 석방을 요구하며 반정부 시위를 벌였다. 이에 군사독재 정권 역시 그를 석방하지 않을 수 없었다.

다시 세상의 빛을 보게 된 룰라는 1980년 2월 노동자당을 창설하고 노동자의 권익뿐만 아니라 민주주의 운동에도 적극 가담하였다. 그리고 1986년 군사정부가 축출된 후 실시된 연방하원 선거에 출마해 최다득표로 화려하게 정계에 데뷔하였다.

이후 그는 감히 이룰 수 없을 것만 같았던 한 가지 일에 더 도전하기로 결심했다. 대통령이 되기로 한 것이다. 그가 대통령 출마를 결정했다는 소식이 알려지자 언론사와 기성 정치인들은 그를 무시하고 비아냥거리기에 바빴다.

"초등학교도 못나온 사람이 어디서 나서는 거야."

"글도 읽지 못하는 사람이 어떻게 대통령을 하겠다는 거야."

그러나 그는 결코 포기하지 않았다. 배운 것 없고, 가진 것이 없어도 그에겐 꿈이라는 강력한 무기가 있었다. 이후 그는 세 차례 대권에 도전했지만 아쉽게도 낙선의 아픔을 맛봐야 했다. 그래도 그는 끝까지 포기하지 않았다. 그에겐 대통령이 되어야 하는 확실한 이유와 사명감이 있었기 때문이다. 그리고 마침내 2002년 10월 대선에서 대통령에 당선되었다.

가난한 사람들의 희망이 되다

2003년 1월, 룰라는 전 국민들이 지켜보는 가운데 대통령으로 공식 취임했다. 그는 그 자리에서 대통령 당선증을 받고 눈물을 흘리며 이렇게 말했다.

"초등학교 졸업장도 받지 못한 저로서는 태어나서 처음으로 증서라는 걸 받아보았습니다."

대통령이 눈물을 흘리자, 이를 지켜보던 국민들 역시 흐느꼈다. 그러나 그 눈물은 이내 브라질을 하나로 만들었다. 하지만 마냥 감격에 젖어 있을 수만은 없는 상황이었다. 그가 해결해야 할 과제가 산적해 있었기 때문이다. 그 중에서도 빈곤과 국가부채가 가장 큰 문제였다. 국민의 4분의 1이 빈곤층이었고, 부채로 인해 나라가 파산 직전이었다. 설상가상으로 그가 취임하자마자 해외 자본은 썰물처럼 빠져나갔다.

그는 깊은 고민에 빠졌다. 이 난국을 어떻게 돌파해야 할지 난감하기만 했다.

'그래, 내가 대통령이 된 이유는 분명해. 가난한 사람들의 희망이 되자.'

그는 공식 일정으로 가장 먼저 빈민촌을 방문했다. 그 어떤 중대한 정책이라도 가난한 사람에게 희망을 주는 정책보다 우선시할 수 없다는 게 그의 생각이었다.

그는 빈민촌 사람들과 일일이 악수하며 그들에게 희망의 의지를 북돋아 주었다.

"희망을 잃지 마십시오. 분명 좋은 날이 올 겁니다. 저도 여러분처럼 빈민촌에서 태어나 자랐습니다."

이후 그는 빈민층을 위한 생활 보조금 지원 정책을 폈다. 그러나 지원금을 받기 위해선 전제조건이 있었다. 자녀들을 반드시 학교에 보내야 한다는 것이었다. 빈민들은 생활 보조금을 통해 다시 희망을 품을 수 있었고, 놀랍게도 국가 경제 역시 빠른 속도로 회복되어 갔다.

그렇게 해서 그가 대통령으로 있던 8년 동안 브라질은 완전히 탈바꿈했다. 국가부채를 말끔히 해결해 세계 8위의 경제대국으로 발돋움한 것은 물론 중산층이 두터워져 빈부 격차가 완화된 것이다.

그는 퇴임하는 자리에서 이렇게 말했다.

"이 모든 영광과 업적은 모두 우리 국민들에게 있습니다. 배우지 못한 저를, 가난했던 저를, 새끼손가락을 잃고 아내와 자식까지 잃은 상처투성인

저를 대통령으로 뽑아주신 국민들에게 이 영광을 돌리겠습니다. 그 동안 감사했습니다. 저는 이제 좀 쉬어야겠습니다."

　한순간도 좌절하지 않고 긍정의 편에 서서 앞을 향해 나아갔던 룰라. 이런 그였기에 브라질 국민은 물론 전 세계의 지도자들이 그를 롤 모델로 삼고 있는 것은 아닐까.

최악의 조건에서
최고의 성과를 만들어내다

꿈과 성공을 이루기 위해선 학력, 경제력, 인맥 등 어느 정도의 조건을 갖추고 있는 것이 분명 유리하다. 그러나 그게 전부는 아닐뿐더러 중요한 요소 역시 아니다. 룰라가 겪어 왔던 삶을 짚어보면 그는 꿈과 성공을 이룰만한 조건을 전혀 갖추지 못했다. 조건은커녕 성공을 꿈꾸기에는 현실이 너무도 가혹했다.

그는 가난에 찌든 빈민촌에서 태어나 일곱 살에 행상을 시작하고 초등학교도 졸업하지 못했다. 또 일하면서 새끼손가락이 잘려나가고, 결혼 후에는 만삭의 아내와 뱃속의 아이까지 한꺼번에 잃어야 했다. 군부독재에 저항하다가 구속되기까지 했다. 이런 그의 인생을 들여다보고 있노라면, 어쩌면 그는 평생 절망적인 삶을 살아가야 할 운명을 타고났는지도 모른다는 생각이 들 정도이다.

아무리 의지가 강하고 삶에 대한 애착이 뜨거운 사람이라도 연거푸 좋지 않는 상황이 닥치면 계속해서 버틴다는 것이 결코 쉽지만은 않다. 언젠가는 무너지기 마련이다. 룰라 역시 마찬가지였다. 이에 그 역시 잠시 무너진 적이 있다. 사는 것 자체가 고통이었고, 꿈은 사치에 불과했다.

그러나 지금 그는 어디에 서 있는가. 최악의 상황, 최악의 조건을 가졌던 그였건만 현재 그는 브라질, 아니 세계에서 가장 높은 곳에 서 있다. 그 누구도 예상할 수 없는 일, 불가능하다고 느껴졌던 일을 해냈기 때문이다. 그걸 가능하게 했던 힘은 과연 무엇이었을까. 무엇이 최악의 조건에서 최고의 성과를 도출할 수 있게 만들었을까.

룰라에게 있어 기적과도 같은 일이 가능했던 이유는 바로 그가 최악의 조건을 가졌기 때문이다. 가난과 잘려나간 새끼손가락, 아내와 아이의 죽음 등……. 이런 일련의 조건들이 오히려 그로 하여금 꿈을 꾸게 하고 성공을 갈망하게 만든 것이다.

그렇다. 룰라가 성공할 수 있었던 이유는 바로 '역설의 힘'이다. 그 외에는 달리 설명할 방법이 없다.

절망, 그 역설의 힘

꽃은 가장 낮은 곳에서 피어나고, 삶의 욕구는 가장 절박한 상황 속에서 솟구친다.

　룰라 외에도 '역설의 힘'을 보여준 대표적인 인물로 신경정신과 의사이자《죽음의 수용소에서》의 저자인 빅터 프랭크를 꼽을 수 있다.

　그는 유태인이라는 이유만으로 독일군에게 잡혀 아우슈비츠 수용소로 끌려갔다. 그곳은 시체 냄새가 진동하는 곳이다. 하루에도 수백 명씩 가스실에서 죽어나갔다. 언제 죽을지 모르는 그런 지옥 같은 시간 속에서 그 역시 깊은 절망에 빠졌다. 그러나 그 절망이 너무나도 깊고 견고하다 보니 도리어 삶에 대한 애착이 더 강해졌다. 살아야겠다는 생각이 몸과 마음을 지배하자, 그는 변하기 시작했다. 견디기 힘든 중노동을 하면서도 미소 지을 수 있었고 1인당 하루에 한 컵씩 배급되는 물을 아껴 세수와 면도를 하는 데 사용했다. 다른 유태인들은 지저분한 모습으로 점점 병약해져 마치 짐승처럼 살아가고 있었지만 그는 인간임을 포기하지 않았다. 자신을 지키며 희망의 끈을 놓지 않았던 것이다. 그래서일까. 그는 다른 유태인보다 깨끗하고 건강하게 보여 가스실에 붙들려 가는 걸 면할 수 있었다. 그리고 얼마 후 지옥과도 같았던 아우슈비츠 수용소에서 비로소 벗어날 수 있었다.

　룰라나 빅터 프랭크는 모두 최악의 상황에 몰린 사람들이었다. 그러나 그 최악의 상황이 도리어 그들에게 더 큰 꿈을 품게 하고 인생을 더 진지하게 살게끔 만들었다. 이 점을 주목해야 한다.

많이 넘어진 사람일수록 쉽게 일어서는 법이다. 반대로 넘어지지 않는 방법만을 배운 사람은 일어서는 법을 모른다.

살다보면 가끔씩 뜻하지 않는 고통이나 슬픔이 찾아올 때가 있다. 그때는 그것을 기꺼이 받아들여야 한다. 그것이 우리를 더욱 강하고, 단단하게 만들며, 꿈을 이루는 밑거름이 되기 때문이다.

우리가 꿈을 버리지 않는 이상
꿈 역시 우리를 버리지 않는다

누구나 크건 작건 꿈을 가지고 있다. 하지만 어떤 사람은 그 꿈을 하나씩 차근차근 실현해가는 반면, 어떤 사람은 그저 밤에 꾸는 꿈처럼 아침이 되면 금방 잊고 만다. 왜 그런 차이가 생기는 것일까. 그것은 같은 꿈이라도 꿈을 꾸는 방식에 차이가 있기 때문이다. 소박한 꿈이든 원대한 꿈이든 그 꿈을 이루어낸 사람들은 모두 공통적으로 다음과 같은 방식으로 꿈을 꾼다.

꿈의 크기가 인생의 크기를 좌우한다

혹시 '코이'라는 물고기에 대해서 알고 있는가. 코이는 작은 어항에 넣어두면 8cm 안팎으로 자라고, 커다란 수족관에 넣어두면 20cm 안팎으로 자란다. 그리고 강물에 방류하면 최대 120cm까지 성장한다.

주어진 환경에 따라 그 크기가 달라지는 것이다.

꿈 역시 마찬가지다. 꿈의 크기가 인생의 크기를 좌우한다. 때문에 허황된 꿈일지라도 꿈이 없는 것과 있는 것은 천지차이다. 사람들은 흔히 몽상가들에 대해 좋지 않는 편견을 갖고 다음과 같이 비판을 하곤 한다.

"저 사람은 말도 안 되는 말만 해."

"어디 말이나 되는 얘기야? 저런 엄청난 걸 해낼 수 있겠어?"

"그건 도저히 불가능해. 신도 아니고 어떻게 저런 꿈을 이룰 수 있겠어?"

물론 죽었다 깨어나도 이룰 수 없는 것이 있다. 그렇다고 꿈조차 꾸지 않는 건 어리석은 일이다. 과거를 돌아보라. 옛날 사람들이 불꽃을 뿜어내며 하늘로 올라가는 우주선을 감히 상상이라도 했겠는가. 그런 점에서 인류의 발전은 상당 부분이 몽상가들의 작품이라고 할 수 있다.

로버트 슐러는 《불가능은 없다》에서 "이 세상의 위대한 일은 모두 위대한 꿈을 갖는 데서 시작된다"고 말한 바 있다. 이렇듯 큰 꿈이 큰 사람을 만들고 허황된 꿈이라도 현실에서도 실현될 수 있음을 알아야 한다.

신념을 가지고 두려움에 맞서라

신문이나 방송에 나오는 성공한 사람들을 보면 갖가지 사연들이 있다. 그리고 그 사연에는 말로 표현하기 힘든 엄청난 고난과 역경이 존재한다.

분명한 것은 쉽게 성공하는 사람은 없다는 사실이다. 즉, 이 세상에 공짜는 없다. 만약 쉽게 성공했다면 그 성공은 오래 가지 않는다.

진정한 성공은 어렵게 이루어지는 것이다. 따라서 성공하는 과정에서 남들에게 무시당하고 모멸감을 느끼는 순간도 분명 존재한다. 따라서 그런 순간이 찾아온다고 해도 결코 흔들리거나 하고자 하는 일을 포기해서는 안 된다. 반드시 내 꿈을 이루겠다는 신념을 가지고 두려움에 맞서야 한다.

스티브 잡스 역시 휴렛팩커드로부터 입사를 거부당한 경력이 있다. 휴렛팩커드의 인사담당자는 그에게 "당신 같은 사람은 필요 없어. 전문대학도 나오지 않았잖아"라며 갖은 멸시를 퍼부었다. 월트 디즈니 역시 처음 만화를 그릴 때 선배로부터 무시를 당하기 일쑤였다.

"넌 창의적이고 독창적인 아이디어가 부족해. 그러니 이쯤에서 포기하는 게 좋을 것 같다."

하지만 결과는 어떠했는가. 한 사람은 'IT업계의 신'으로, 다른 한 사람은 '만화의 신'으로 존경받고 있다.

룰라 역시 마찬가지다. 가난하고 배우지 못한 노동자에 불과했던 그가 대통령이 되겠다고 하자 얼마나 많은 사람들이 그를 비웃고 조롱했겠는가. 그러나 그는 자신의 꿈에 대해 한 순간도 의심하지 않았다.

세상의 편견과 잣대와 멸시보다 더 강한 것이 바로 꿈이다. 꿈은 반드시 이긴다. 그러니 세상이 비웃거든 더 크게 웃어라. 세상이 무시하거든 더 크게 꿈꿔라. 세상이 포기를 강요하거든 오기와 욕망을 더 키워라. 그러면 모든 것이 가능하다. 언젠가는 이루게 될 것이다. 우리가 꿈을 버리지 않는 이상 인생도, 미래도 우리를 먼저 버리는 일은 결코 없기 때문이다.

02

약점을 강점으로 바꾼 경영의 신, 마쓰시타 고노스케

꽃을 피우기 위해서는
무수한 고난을 견뎌야 한다

당신은 아이디어에 대한

호기심을 키워가고 있는가?

자기 활동의 모든 측면에 대해

끊임없이 호기심을 갖는 것이야말로

아이디어를 생각해낼 수 있는 최고의 방법이다.

호기심을 올바르게 발동시키면

주의력과 감수성이 키워지고

다시 그것은 아이디어 창출로 이어진다.

_지그 지글러

"멈춘다는 것은 무너진다는 것이다"

세계적인 대기업 일본의 마쓰시타 전기는 2008년 사명을 '파나소닉'으로 변경하였다. 파나소닉이라는 사명은 '최고'를 뜻하는 그리스어의 '판'과 소리를 뜻하는 영어의 '소닉'의 합성어다. 파나소닉은 옛 명성 그대로 가전 및 디지털 부문에서 시장을 선도하는 신제품을 출시하고 있으며 많은 사람들로부터 사랑을 받고 있다.

하지만 파나소닉이 줄곧 승승장구만 했던 것은 아니다. 창업주인 마쓰시타 고노스케가 사망한 후 파나소닉은 서서히 침몰해갔다. 평면 TV 분야에서 소니에 밀리는 등 가전 왕국의 자존심이 구겨졌고, 1990년 대 후반에는 최악의 상황으로까지 몰렸다. 그때 구원투수로 나선 사람이 나카무라 구니오였다.

나카무라 구니오는 2000년 6월 마쓰시타 전기의 사장으로 취임했다. 취임식 날 그는 행복하기보다는 무거운 마음이 앞선다고 말했다.

한 언론사 기자가 그를 보고 먼저 인사를 건넸다.

"사장 취임을 축하드립니다."

"축하받을 일인지 모르겠네요. 지금 저희 회사가 참 힘든 시기입니다. 그래서 어깨가 참 무겁습니다."

"죄송한 말씀이지만 마쓰시타 전기는 예전보다 못합니다. 침몰 중이라는 말도 많은데 다시 일으킬 묘수라도 갖고 있으십니까?"

기자의 말에 나카무라는 자존심이 상했지만 애써 마음을 추슬렀다. 기자의 말이 결코 틀린 얘기가 아니었기 때문이다.

"앞으로 제가 어떻게 회사를 경영하는지 보시면 알 겁니다. 마쓰시타 전기는 머지않아 다시일어설 것입니다."

나카무라의 말은 빈말이 아니었다. 사장 취임 후 그는 중기 경영계획인 '창생 21'을 발표했고, 혁신을 통해 낡은 체제를 파괴하는 데 힘을 쏟았다. 2만 개가 넘는 계열사의 판매망 역시 통합했다. 여기에 창사 후 처음으로 조기 퇴직제를 도입해 직원 수도 과감하게 줄였다. 물론 이에 반발하는 세력도 만만치 않았지만 침몰해가는 배를 다시 물 위로 띄우기 위해선 어쩔 수 없는 선택이었다.

"우리가 버려야 할 것은, 우리는 실패하지 않을 것이라는 안일함과 나태함입니다. 반면, 우리가 되찾아야 할 것은 바로 창조력입니다. 창업주이신 마쓰시타 회장님의 창업정신이 무엇입니까? 그 창업정신을 모두 이해할 수는 없지만 분명한 건 마스시타 회장님께선 창조력을 중요시했다는 것입니다. 그 창조력이 지금의 우리 회사를 만들었습니다. 따라서 지금 우리에게 필요한 건 창조력입니다."

5년 후 나카무라는 놀라운 결과를 이뤄냈다. 사장 취임 당시만 해도 영업 손실이 2,000억 엔에 달했지만, 2002년에는 1,260억 엔의 영업이익을 냈고, 그 후로도 계속해서 'V자 회복'을 이뤄낸 것이다. 그렇게 해서 파나소닉은 다시 정상 궤도에 올라설 수 있게 되었다.

아무리 어려운 일도 해결책은 있다

어느 날, 나카무라는 집무실 테이블 위에 있는 책 한 권을 집어 들었다. 창업주인 마쓰시타 고노스케 회장의 전기였다. 책을 펼치니 마쓰시타 회장의 사진이 나왔다. 나카무라는 가볍게 목례를 한 후 미소를 보였다.

"회장님, 잘 보고 계시죠. 제가 해냈습니다. 회장님의 명성에 누가 되지 않게 열심히 달려 왔습니다."

사진 속 마쓰시타는 아무 말이 없었지만 마치 이렇게 말하는 듯했다.

"그래, 대견하네. 앞으로도 회사를 잘 이끌어주기 바라네. 그리고 명심할 게 있어. 창조력이 없는 회사는 존재할 이유가 없다는 거야. 아무리 탄탄한 회사라도 하루아침에 무너질 수 있다네. 누가 더 많이 생각하고, 누가 더 많이 개발하며, 누구 더 창조하느냐가 승패를 결정한다는 걸 명심하게."

나카무라는 고개를 끄덕이며 이내 책장을 넘겼다. 마쓰시타 고노스케를 다시 한 번 만나고 싶었다.

100년 동안 최고의 경영자로 추앙받고 있으며, '경영의 신'이라고 불리는 마쓰시타 고노스케. 그는 1894년 와카야마의 한 마을에서 태어났다.

그가 초등학교 4학년이 되기 전까지는 집안이 나름대로 부유했다. 특히 아버지가 쌀장사를 했기 때문에 밥을 굶을 일은 없었다. 그런데 그가 초등학교 4학년이 되었을 무렵, 아버지의 사업 실패로 인해 하루아침에 집안이 풍비박산 났다. 그러다보니 마쓰시타 역시 더 이상 학교에 다닐 수 없게 되었다. 어린 나이에 적지 않는 마음의 상처를 입은 것이다. 그렇다고 투정을 부리며 어리광을 부릴 수만도 없었다. 부모님의 짐을 조금이라도 덜어드려야 했기 때문이다. 이에 그는 오사카의 목탄 화로점에 견습공으로 취직했다. 말이 취직이지 아직 어린 나이고 기술도 없다 보니 거의 심부름꾼이나 다름없었다.

"야, 마쓰시타! 요 녀석 어디에 있는 거야."

"아, 예. 여기 있습니다."

얼굴 가득 까맣게 목탄을 뒤집어쓴 마쓰시타가 숨을 헐떡거리며 달려왔다.

"가게 뒤편에서 목탄을 정리하고 있었습니다."

"그건 나중에 하고 뭐 먹을 것 좀 사와라."

마쓰시타는 종일 이리저리 바삐 움직였다. 워낙 체력이 약한 탓에 일하는 게 힘들었지만 부모님께 짐이 되지 않고 스스로 밥벌이를 할 수 있다는 것만으로도 다행이었다. 하지만 가족에 대한 그리움만은 견딜 수 없었다. 밤이면 밤마다 그는 눈물을 흘렸다.

그런데 어느 날, 목탄 화로점이 갑자기 문을 닫게 되었다. 할 수 없이 그는 다른 일을 찾아야만 했다. 그렇게 해서 그가 두 번째로 취직을 한 곳은 인근에 있는 자전거 가게였다. 그곳에서는 그는 자전거 부품도 교체해주고 판매도 담당했다. 잔심부름 역시 그의 차지였다. 특히 손님들은 그에게 담배 심부름을 많이 시켰다.

"어이, 꼬마야. 미안하지만 담배 한 갑만 사올래?"

"예, 알겠습니다."

처음에는 담배 심부름을 가는 게 손님들을 위한 당연한 서비스라고 생각했는데 점점 심부름 횟수가 늘어나자 슬슬 짜증이 나기 시작했다. 어떤 날은 하루에 스무 번도 넘게 담배 가게를 오간 적도 있었다.

'이게 뭐야. 어서 빨리 자전거 수리 기술을 배워야 나도 나중에 자전거 가게라도 하나 차릴 텐데, 매일 담배 심부름이나 하고 있으니. 이건 아니야.'

그러자 예전에 아버지가 한 말씀이 떠올랐다.

"머리가 나쁘면 팔다리가 고생하는 거야. 머리를 써, 생각을 하란 말야."

그는 자전거 가게 앞에 쪼그려 앉아 생각에 잠겼다. 그리고 잠시 후 꽤 괜찮은 생각이 하나 떠올랐다.

'그래, 담배를 미리 한 상자 사다놓는 거야.'

이에 그는 주인아저씨께 담뱃값을 빌려 미리 한 상자를 사다놓았다. 그렇게 하면 덤으로 한 갑을 더 얻을 수 있었고 더 이상 담배 심부름을 가지 않아도 되었다. 이를 계기로 그는 아무리 어렵고 까다로운 문제라도 생각을 깊이 하면 해결책을 충분히 찾을 수 있다는 사실을 깨닫게 되었다.

자전거 가게에서 일한 지 6년째 되던 해, 오사카에 전철이 다니기 시작했다. 신기한 눈으로 전철을 보면서 그는 자신의 미래에 대해서 생각했다.

'자전거 가게에서 계속 일하는 게 좋을까, 아니면 다른 일을 해야 할까. 전철이 생겼으니 앞으로 자전거 수요는 계속 줄어들 텐데. 그래, 전기 쪽이 전망이 있을 거야. 그와 관련된 일을 하자.'

그렇게 해서 그는 자전거 가게 일을 그만두고 시멘트 회사 운반원을 거쳐 오사카 전등회사에 보조기사로 취업했다. 그 선택은 옳았다. 그의 인생을 바꿔놓는 계기가 되었기 때문이다. 그는 기술자들을 따라다니면서 전구와 소켓 등을 만드는 기술을 익혔다. 그 결과, 몇 년 후에는 검사원으로 승진하기도 했다.

하지만 그에겐 남들이 모르는 문제가 있었다. 태어났을 때부터 몸이 약하다는 것이었다. 그러다보니 몸이 아파 회사를 나가지 못하는 날이 자주 있었고, 당연히 돈을 받지 못해 끼니 역시 거르는 날이 많았다.

길이 없으면 길을 만들어라

직장에 얽매이지 않고 자유롭게 일을 하고 싶었던 그는 1918년 두 평 남짓한 공간에 전기용품 가게를 차렸다. 직원이라고 해봤자 아내와 처남이 전부였다.

"집 전등이 나갔는데 고쳐주실 수 있으세요?"

"물론이죠."

그는 전자제품 수리를 하면서 전등이나 소켓, 전선 등의 전기용품도 함께 팔았다. 그러나 수리일도 많지 않았을 뿐더러 전기용품 역시 잘 팔리지 않았다. 그러다보니 가게를 운영한다는 게 여간 힘들지 않았다.

그러던 어느 날, 전기수리를 하러갔다가 우연히 그 집 자매가 말다툼하는 걸 듣게 되었다.

"언니, 소켓에서 전등 뺀다."

"안 돼. 지금 책 읽는 중이잖아."

"책은 나중에 읽어. 나 지금 밖에 나가야 해. 머리 좀 가꾸려면 전기인두 꽂아야 한단 말이야."

"안 된다니까."

순간, 그의 머릿속에 좋은 생각이 떠올랐다.

'아, 그래! 바로 그거야. 쌍소켓을 만드는 거야. 그러면 더 이상 싸우는 일도 없을 거야.'

지금은 쌍소켓은 물론 세 개, 네 개짜리 소켓이 흔하지만 당시만 해도 소켓이라곤 하나짜리 가 전부였다.

가게로 돌아온 그는 쌍소켓을 만들기 위해 그동안 익혀온 기술을 총동원했다. 그리고 몇 날 며칠 밤샘 작업 끝에 마침내 쌍소켓을 만드는데 성공했다. 당장 시중에 팔아도 될 만큼 우수한 제품이었다. 그는 곧 특허출원을 마치고 본격적인 판매에 들어갔다.

쌍소켓에 대한 반응은 그야말로 폭발적이었다. 쌍소켓을 찾는 사람들이 너무나 많아 물량을 맞추기도 힘들 지경이었다. 이에 전국 각지에서 대리점을 하겠다는 사람이 몰려왔다. 그 결과, 두 평짜리 가게는 단 몇 년 사이에

70평짜리 공장까지 갖춘 회사로 급성장했다. 그는 자신의 성을 따서 회사 이름을 '마쓰시타 전기'로 지었다.

쌍소켓으로 성공을 맛본 그의 경영철학은 확고했다.

'오직 창조력만이 살 길이야.'

그는 직원들에게 기존의 제품을 모방하는 수준이 아니라 거기에 새로운 뭔가를 더해야만 시장에서 살아남을 수 있음을 항상 강조했다. 그리고 그 또한 계속해서 신제품을 개발하는데 몰두했다.

"제가 이번에 만든 제품은 세탁기용 자명종입니다. 세탁이 끝나면 자동으로 세탁이 끝났음을 알려주는 것입니다."

그 제품 역시 시장에서 폭발적인 반응을 얻었다. 이렇듯 그의 손만 거치면 모든 제품들이 날개 돋친 듯 팔려 나갔다.

1923년에는 자전거용 전등도 개발했다. 30시간 이상 사용할 수 있는데다 가격 역시 촛불을 사용하는 것만큼이나 저렴했다. 그는 이 제품 역시 시장에서 크게 성공할 것이라고 자신했다. 그런데 의외로 반응이 없었다. 이에 그는 골똘히 생각에 잠겼다.

'분명 이 제품 자체는 경쟁력이 있는데, 왜 팔리지 않는 거지?'

문제는 홍보였다. 때문에 어떻게 해서든 제품을 알리는 것이 중요했다. 오랜 고심 끝에 그가 생각해낸 방법은 모든 자전거 가게에 자전거용 전등을 3개씩 보내는 것이었다.

"이 전등을 가게 앞에 켜놓으세요. 30시간 이상 사용할 수 있으니 하루 종일 켜놓으셔도 됩니다."

그리고 직원들에게 매일 밤 자전거용 전등을 자전거에 달고 다니게 했다. 그러자 전등을 단 자전거가 매일 밤 시내 곳곳에 빛을 내며 돌아다니게 되었다. 이에 사람들은 금세 관심을 보였고, 매출은 폭발적으로 늘어났다.

이후 마쓰시타는 전기다리미며 전기보일러 등 신제품을 속속 시장에 내놓았다. 그 제품들 역시 당시로서는 획기적인 제품들이었다.

창조 없는 경영은 무의미하고, 더 이상 발전할 수도 없다

1970년 오사카에서 엑스포가 열렸다. 마쓰시타 전기 역시 다양한 제품을 전시관에 전시했다. 관람객들은 전시품을 보기 위해 구름떼처럼 몰려왔다. 그러다보니 전시관 안으로 들어가려면 밖에서 30여 분 이상 기다려야 했다. 특히 그날따라 날씨가 무척 더웠다. 이에 마쓰시타는 관람객들에게 친절도 베풀고 회사의 이미지도 상승시킬 수 있는 방법이 없을까 고민했다. 그리고 한참 후 손바닥으로 무릎을 쳤다.

'그래, 종이 모자를 만들어서 관람객들에게 나눠주는 거야.'

그는 곧 직원들을 시켜 회사 광고지를 접어 종이 모자를 만들게 했다. 그리고 그것을 관람객들에게 하나씩 나눠줬다. 관람객들은 종이 모자로 햇볕을 가릴 수 있어서 좋았고, 회사는 홍보를 할 수 있어서 좋았다. 잠시 후 종이 모자를 쓴 관람객들이 전시관 여기저기를 돌아다녔고, 그들의 모자에 적힌 마쓰시타 전기의 이름은 쉽게 사람들의 눈에 띄었다. 관람객들이 일종의 움직이는 광고판 역할을 해준 것이다.

마쓰시타 전기를 세계적인 기업으로 성장시킨 밑거름은 그의 이런 창조적인 생각에서 비롯되었다.

2010년 기준, 파나소닉은 전 세계 680개 회사를 거느린 굴지의 기업으로 성장했다. 한 언론과의 인터뷰에서 마쓰시타는 이렇게 말한 바 있다.

"인생은 크고 작은 오르내림의 연속입니다. 올라가기만 하는 일도 없고, 내려가기만 하는 일도 없습니다. 오르내림을 반복하는 동안 우리는 갈고 닦이며 연마됩니다. 제가 성공할 수 있었던 비결은 크게 세 가지입니다. 첫 번째는 가난했기 때문이고, 두 번째는 체력이 약했기 때문이며, 마지막은 못 배웠기 때문입니다. 가난했기 때문에 부지런해야 함을 깨달았고, 체력이 약했기 때문에 평생 건강관리에 신경 썼으며, 초등학교도 못 나왔기 때문에 모든 사람을 스승으로 여기고 존중하며 배우는 데 힘썼습니다. 그리고 하나 더 있습니다. 예술은 매우 가치가 높은 창조활동입니다. 그러나 예술만 그런 게 아닙니다. 경영 역시 예술 못지않게 창조적인 활동입니다. 창조 없는 경영은 무의미하며 더 이상 발전할 수도 없습니다. 그런 점에서 위기 상황을 극복할 수 있는 힘은 창조력에 있고, 단번에 성공을 거머쥘 수 있는 힘 역시 창조력에서 나온다고 할 수 있습니다."

생각하라, 조합하라, 버려라, 움직여라!

두 평 남짓한 전기용품 가게 사장에 불과했던 마쓰시타 고노스케가 세계적인 기업의 회장으로 오를 수 있었던 비결은 성실함과 노력도 있지만 무엇보다 그만의 창조력이 있었기 때문이다.

창조력은 껍질에 쌓여 있는 작은 씨앗과도 같다. 그 씨앗이 아이디어와 결합하는 순간, 거대한 숲을 이루는 밑거름이 되기 때문이다.

흔히 지금을 '창조의 시대'라 말한다. 한 사람의 창조력으로 인해 쓰러져 가던 기업이 되살아나기도 하고, 번뜩이는 아이디어 하나로 인생을 역전시킬 수도 있기 때문이다. 이런 창조의 시대에 당신은 과연 얼마만큼이나 창조적으로 살아가고 있는가.

안타깝게도 많은 사람들이 갈수록 생각하는 걸 싫어하고 귀찮아한다. 그러다보니 어떤 문제가 닥쳤을 때 그것을 해결하기 위해 다각도로 생각하고 다른 시선으로 바라보기보다는 누군가가 만들어놓은 틀이나 공식 속에서 해결책을 강구하려고 한다.

물론 그렇게 하면 좀 더 쉽고 편하게 문제를 해결할 수 있다. 하지만 결코 그 위기를 발전의 계기로 전환시킬 수는 없다.

고정관념에 갇힌 사람들은 사물이나 현상을 한쪽에서만 보려고 하지 다양한 시각에서 관찰하는 것을 거부한다. 때문에 둥근 동전도 어디에서 보느냐에 따라 타원형이 될 수 있고 직선이 될 수도 있는데, 그들은 동전을 항상 동그랗다고만 생각한다.

창조의 안테나를 높이 세워라

미국경영협회(AMA)가 500대 기업의 총수들을 상대로 설문조사를 실시한 적이 있다. 설문의 핵심 질문은 다음과 같다.

"21세기에 살아남을 수 있는 최고의 경쟁력은 무엇이라고 생각하십니까?"

총수들은 단연 '창의력'과 '창조력'을 최고의 경쟁력으로 꼽았다.

상상을 자신만의 고귀한 자산으로 만들고 탁월한 능력으로 발전시키기 위해서는 현실에 접목해야 한다. 상상에 살을 붙이고 가공하고 꿈을 심어 새로운 가치로 창출해야 하기 때문이다. 머릿속에만 담아둔 상상은 가치 없는 공상에 불과하다.

물론 상상과 아이디어를 현실로 만든다는 게 말처럼 그리 쉬운 일은 아니다. 그러나 이 세상에 결코 우연이란 없다. 하루에도 수백, 수천 개의 특허제품과 신제품이 쏟아져 나온다. 그것들이 갑자기 하늘에서 떨어졌겠는가. 창조적인 작품은 수많은 실패와 시행착오를 겪은 후에야 비로소 이 세상에 빛을 볼 수 있다.

교토의 허름한 가내수공업 공장에 불과했던 닌텐도가 연간 25조 원의 매출을 올리는 세계 최대의 비디오게임 제조회사로 거듭날 수 있었던 이유 역시 실패와 시행착오를 두려워하지 않았기 때문이다.

닌텐도에서 차세대 가정용 게임기 위(Wii)의 조종 장치를 만들 당시 회사 복도에는 산더미처럼 조종 장치가 쌓여 있었다. 완벽한 조종 장치를 만들기 위해 셀 수도 없는 실패와 시행착오를 해야 했던 것이다.

남들이 하지 않은 것, 할 수 없는 것을 새롭게 만든다는 게 쉬운 일은 아니다. 하지만 개발자들은 시도에 시도를 거듭했고 마침내 혁신적인 조종 장치를 만들어 시장에 내놓을 수 있었다.

창조의 완성은 실패와 시행착오의 끝에서 찾아오지만 창조의 시작은 엉뚱한 상상에서 시작되기도 한다. 따라서 별것 아닌 것 같던 아이디어도 그것을 이리저리 굴려보고 다른 각도에서 보면 꽤 괜찮은 제품으로 탄생할 수 있다. 따라서 평소에 무심코 지나치는 모든 것들이 아이디어의 원천이며 인생을 역전시키고도 남을 기회가 될 수도 있다. 또 나를 불편하게 하는 것이 아이디어의 출발점이 될 수도 있다.

창조력은 인간이라면 누구에게나 공평하게 주어진 능력이다. 또 세상 그 무엇과도 바꿀 수 없는 희열과 욕망을 준다. 그런 의미에서 창조력은 돈과 인맥, 학력보다 더 우월한 가치이며 강렬한 무기라고 할 수 있다.

늦지 않았다. 지금부터라도 창조력의 심지에 불을 붙여라. 불이 붙는 순간, 하늘 높이 날아올라갈 것이다.

생각하라, 조합하라, 버려라, 움직여라!

위기를 기회로 만든 신의 한 수 전략

한국 재계의 신화로 불리는 현대그룹 창업주 정주영. 그는 집념과 노력의 대명사이기도 하지만 발상의 전환자로도 유명하다. 다음 몇 가지 사례는 그가 얼마나 탁월한 창조적 사고를 소유한 사람인지 명확하게 보여준다.

묘지에 잔디 대신 보리를 심다

1952년 12월. 한국을 방문한 아이젠하워 미국 대통령은 부산에 있는 유엔군 묘지를 방문하길 원했다. 그런데 한 겨울이었기 때문에 묘지는 황량함 그 자체였다. 그 상황에서 미군 관계자는 한국 정부에 황당한 주문을 한다.

"대통령께서 오시기 전에 묘지 전역에 푸른 잔디를 깔아주세요."

엄동설한에 잔디라니. 도저히 불가능한 일이었다. 그런데 이때 정주영이 해결사로 나섰다. 이가 없으면 잇몸으로 씹으라는 말처럼 잔디를 대신할 뭔가가 필요했다. 고심 끝에 정주영이 생각해낸 것은 바로 '보리'였다. 이에 한 겨울에 논에서 새파랗게 자라던 보리를 묘지 전역에 심었다. 순간, 묘지 전체가 생기 넘치는 녹색 바다로 바뀌었다.

폐유조선을 이용한 서산 간척지 물막이 공사

서산 간척지 사업이 막판에 난관에 부딪혔다. 방조제 마지막 중간 부분을 연결하기 위해 수십 톤의 돌과 흙을 쏟아 부었지만 아무 소용이 없었다. 조수 간만의 차가 워낙 커서 그대로 씻겨 내려갔기 때문이다. 이때도 정주영은 고민 끝에 아이디어 하나를 내놓았다.

"폐유조선을 빌려오시오. 그것이면 간단하게 해결할 수 있소."

밀물과 썰물의 빠른 물살을 막기 위해 폐유조선을 침하시켜 물줄기를 차단한 것이다. 그로 인해 제방과 제방 사이를 겨우 막을 수 있었다. 이게 바로 전무후무한 정주영식 '유조선 공법'이다.

하얀 눈 위의 빨간 골프공

정주영과 롯데그룹 신격호 회장의 회동이 있었다. 회동 장소는 골프장. 그런데 그날따라 눈이 많이 내려 골프장은 하얀 눈으로 뒤덮였다.

　신격호 회장은 눈 때문에 골프를 치는 건 좀 그렇고 차나 한 잔 마시자고 했다. 그러나 정주영은 고개를 내저으며 주머니에서 빨간 골프공 하나를 꺼냈다.

　"하얀 눈 위에서 잘 보일 겁니다."

　정주영의 독창적인 생각에 신격호 회장은 고개를 끄덕일 수밖에 없었다.

03

팔 · 다리 없이 전 세계를 누비는 희망 전도사, 닉 부이치치

스페로 스페라,
살아 있는 한 희망은 있다

목표가 있거든

그것이 이미 성취된 것처럼

무의식에 새겨넣어라.

목표가 이미 이루어졌다고 상상하는 사이,

내면의 마음은

당신이 원하는 마지막 결과를 만드는

작업에 착수할 것이다.

_앤드류 매튜스

"다시 일어설 수 있다면 몇 번쯤 넘어져도 괜찮다"

배가 산만한 산모가 분만실로 들어갔다. 잠시 후 분만실로 들어가려는 의사를 붙들고 한 남자가 떨리는 목소리로 말했다.

"선생님, 저희 집사람 좀 잘 부탁드립니다."

"알겠습니다, 최선을 다하겠습니다."

산모가 분만실에 들어간 지 30여 분이 지났을 즈음, 마침내 분만실 안에서 아이의 울음소리가 들려왔다.

산모는 회복실로 옮겨졌고 남자 역시 곧 뒤따라서 그곳으로 갔다.

잠시 후 의사가 나타나자 남자가 다급히 물었다.

"선생님, 저희 아이는 어디에 있습니까?"

그러나 의사는 대답을 하지 못한 채 고개를 숙였다.

"왜 그러세요? 혹시 우리 아이한테 무슨 문제라도 있나요?"

그때 간호사가 하얀 천에 쌓여 있는 아이를 안고 병실 안으로 들어섰다.

"놀라지 마세요."

간호사는 하얀 천을 조심스럽게 한 꺼풀씩 벗기기 시작했다. 산모와 아빠는 무슨 영문인지 몰라 눈을 동그랗게 뜨고 아이를 바라보았다.

"어머, 세상에 이럴 수가……."

아이의 모습을 본 순간, 엄마와 아빠는 모두 말문이 막히고 말았다. 아이는 두 팔이 없었다. 그 뿐만이 아니었다. 두 다리 역시 없었고, 작은 왼발과 두 개의 발가락만 있을 뿐이었다.

엄마는 눈물을 쏟으며 의사에게 말했다.

"선생님, 도대체 이게 어떻게 된 일입니까? 왜 제게 이런 일이 일어나게 된 거죠?"

의사는 마치 죄인처럼 고개를 푹 숙인 채 머뭇거렸다. 그리고 이내 작은 목소리로 말했다.

"임신 과정에서는 아무런 이상 증상이 없었습니다. 그런데 아이가 이런 모습으로 태어나다니 저도 몹시 당황스럽습니다. 아이는 '해표상지증'이라는 희귀병으로 바다표범처럼 팔다리가 짧은 기형입니다."

순간, 엄마는 정신을 잃고 말았다. 아빠 역시 한숨만 계속 내쉴 뿐 말을 잃었다.

그렇게 해서 아이는 세상 사람들을 깜짝 놀라게 하며 이 세상에 태어났다. 그 아이가 바로 닉 부이치치였다.

세월이 흘러 닉은 일곱 살이 되었다.

"닉, 이리 와서 이거 먹으렴."

엄마는 거실 바닥에 소시지와 우유 한 잔이 담긴 쟁반을 내려놓았다. 잠시 후 방에 있던 닉이 몸통을 움직여가며 뒤뚱뒤뚱 걸어 나왔다. 그리고 눈을 동그랗게 뜬 채 엄마를 향해 소리쳤다.

"이렇게 놓고 가면 어떻게 해, 먹여줘야지!"

그러나 엄마에게서 아무런 대답이 없자, 슬슬 짜증이 나기 시작했다.

"빨리 먹여달란 말이야! 혼자서는 안 된다는 거 몰라서 그래?"

하지만 이번에도 엄마는 묵묵부답이었다. 그리고 잠시 후 닉을 향해 한마디를 툭 던졌다.

"이제 너도 일곱 살이야. 그러니 스스로 먹는 습관을 들이도록 해."

닉은 머리끝까지 화가 났다. 손이 없는데 어떻게 먹으라는 건지 엄마의 말을 도저히 이해할 수 없었다. 그는 다시 엄마를 향해 소리쳤다. 하지만 이번에도 엄마는 결코 오지 않았다.

"그래, 알았다고. 내가 못 먹을 줄 알아!"

그는 소시지를 먹기 위해 고개를 숙인 채 혀를 길게 내밀었다. 하지만 혀끝에 닿은 소시지는 요리조리 피하기만 했다. 이에 잠시 생각을 거듭하던 그는 새로운 방식으로 시도하기로 했다. 일단, 얼굴을 약간 기울여 볼로 멀리 도망간 소시지를 입 앞으로 오게 했다. 그리고 재빨리 입을 움직여 소시지를 무는 데 성공했다. 이번에는 우유 마시기였다. 닉은 고개를 살짝 숙여 입술로 컵을 살짝 물었다. 그리고 더 고개를 숙여 컵을 약간 기울였다. 그러자 컵 안에 있던 우유가 입안으로 들어오기 시작했다.

'생각보다 쉽잖아.'

그렇게 생각하는 순간, 컵이 그만 입에서 떨어지고 말았다. 닉 역시 중심을 잃고 휙 돌아 넘어졌고, 컵 안에 있던 우유 역시 쏟아지고 말았다. 그 바람에 얼굴이며 옷이 모두 엉망이 되었다.

순간, 마음 깊은 곳에서부터 서러움과 서운함이 올라왔다. 그는 울먹거리며 소리쳤다.

"엄마, 나한테 왜 그래! 내가 싫어진 거야?"

닉의 얘기를 듣던 엄마의 눈시울이 붉어졌다. 그러나 눈물을 손등으로 훔치면서도 끝내 뒤를 돌아보지 않았다.

엄마는 닉을 다른 아이들과 똑같이 키우고 싶었다. 다른 사람의 도움을 받기만 하는 나약한 아이가 아닌 험한 세상을 혼자서도 살아갈 수 있는 강한 아이로 키우고 싶었던 것이다. 그래서 닉의 절망과 비난에도 모질게 대한 것이다.

엄마는 계속해서 닉에게 무엇이든 혼자서 해낼 수 있도록 하는 훈련을 시켰다. 이에 두 개의 발가락 사이에 포크를 꽂고 음식을 찢는 연습, 이로 물건을 집는 연습, 발가락으로 컴퓨터 자판을 두드리는 연습을 시켰고, 연필이 달린 플라스틱 틀을 끼워 발로 글씨를 쓰게 하는 연습도 시켰다. 처음에는 글씨가 괴발개발 엉망이었지만 어느 정도 연습을 하고 나니 그나마 알아볼 수 있을 정도가 되었다.

그러던 어느 날, 근처에 사는 한 이웃이 닉과 비슷한 또래의 아이를 데리고 집에 놀러오게 되었다. 아이는 거실이며 방을 자기 맘대로 왔다 갔다 하며 뛰어다녔다. 주스 잔을 들어 혼자서 마시기도 했다.

거실 바닥에 앉아 있던 닉은 아이의 그런 행동을 멍하니 바라보았다.

'어, 나랑 다르잖아. 저 아이는 팔과 다리가 다 있는데 왜 나는 없는 거지?'

닉의 얼굴은 서서히 굳어갔다. 이제까지만 해도 팔다리가 없는 것이 그저 생활하는 데 불편한 것인 줄만 알았는데, 그 아이의 행동을 보면서 자신의 모습이 다른 아이들과 너무나 다르다는 사실을 알게 된 것이다.

닉은 큰 충격을 받았다. 다른 아이들처럼 아무 걱정 없이 맘껏 뛰어놀고 세상에 대한 호기심으로 하루하루가 신기하고 즐거워야 할 나이에 안타깝게도 절망과 눈물을 먼저 배워야 했기 때문이다.

끝없는 절망의 늪

닉이 태어난 오스트레일리아에서는 장애 정도가 심한 사람은 법적으로 장애인학교에 보내야 했다. 그러나 닉의 아빠와 엄마는 생각이 달랐다. 닉을 일반학교에 보내고 싶었다. 법을 개정해서라도 그렇게 하고 싶었다. 이에 법 개정을 위해 여기저기 알아보고 사람들을 만나는 등 백방으로 노력했다. 그리고 마침내 법원으로부터 닉을 일반학교에 보내도 된다는 통보를 받았다. 하지만 조건이 있었다. 그것은 학교에서 닉 스스로 움직여야 한다는 것이었다.

그날 이후 닉은 전동휠체어 작동법을 배웠다.

"닉, 널 교문까지는 데려다 줄 수는 있지만 학교 안에서는 너 혼자 생활

해야 해. 무섭다고 생각하지 말고 굽이 아주 높은 신발을 신었다고 생각하렴. 휠체어가 너한테는 신발이나 마찬가지니까."

닉의 부모는 이렇게 용기를 심어주려고 했다. 이에 닉은 이를 악물고 두 개 밖에 없는 짧은 발가락으로 조종 손잡이를 쭉 밀었다. 그러자 휠체어가 소리를 내며 앞으로 굴러갔다.

"아빠, 이것 보세요. 저 처음으로 걸었어요."

그렇게 닉은 세상 속으로 한 걸음 한 걸음 걸어 들어갔다.

하지만 닉에게 학교생활은 고난의 연속이었다. 아니, 지옥이나 다름없었다.

"세상에, 완전히 외계인이잖아."

"팔과 다리가 없어. 어머, 징그러워."

"장애인이 왜 우리 학교에 다니는 거야?"

이렇듯 아이들의 놀림과 장난이 하루도 끊이지 않았다.

"야, 넌 밥도 발로 먹냐? 어휴, 밥에서 냄새 나겠다."

"넌 우리랑 친구가 될 수 없어, 알겠니?"

아이들이 내뱉은 한 마디 한 마디가 화살이 되어 닉의 가슴에 꽂혔다. 이에 닉에게 있어 학교는 공부하고 신나게 놀며 친구를 사귀는 즐거운 장소가 아니었다. 그저 두렵고 무서우며 절대 가고 싶지 않는 끔찍한 공간일 뿐이었다.

닉은 끝도 없는 절망의 늪에 빠졌다. 그러던 어느 날, 학교를 마치고 돌아온 닉은 욕실에 들어가 눈물 젖은 목소리로 중얼거렸다.

'나는 태어나지 말아야 했어. 난 이 세상에서 없어져야 해.'

잠시 후 닉은 물이 가득 차 있는 욕조 안에 몸을 던졌다. 순식간에 몸이 물속으로 가라앉았다. 숨이 가빠오고 정신이 희미해졌다. 마침내 눈이 스르르 감겼다. 그런데 그때, 엄마가 욕실 안으로 허둥지둥 달려왔다.

"닉, 이게 도대체 어떻게 된 거니!"

엄마는 황급히 양 손을 닉의 겨드랑이에 끼고 닉을 번쩍 들어 올렸다.

"괜찮니? 하마터면 큰일 날 뻔했잖아."

엄마는 흐느끼며 닉을 와락 껴안았다.

"닉, 엄마가 미안해. 널 잘 돌봤어야 했는데. 사랑하는 내 아들……."

그 순간, 닉의 가슴에 엄마의 따뜻한 사랑이 고스란히 전해졌다. 그리고 닉은 자신이 얼마나 어리석은 행동을 했는지 깨달았다. 그러자 엄마에게 너무 미안하고 자신의 행동이 후회스러워 차마 고개를 들 수 없었다.

포기하는 순간 모든 것이 멈추고 만다

닉은 어느덧 청년이 되었다. 턱 주위에는 거무스름한 수염이 가득했고, 몸집도 더 커졌다. 주위 사람들은 닉이 학교생활을 과연 잘 해낼 수 있을까 우려했지만 우려와는 달리 큰 문제없이 잘 해냈다. 심지어 대학에서 회계학과 재무학을 복수전공하는 등 다른 학생들보다 더 열정적인 학교생활을 보냈다. 이 모든 것이 가능했던 이유는 바로 그의 가슴 속에 희망과 목표가 생겼기 때문이었다.

'그래, 내 모습 그대로 사는 거야. 그리고 절망에 빠진 사람들에게 나를 보

여쭐 거야. 나 같은 사람도 사는데 왜 당신은 주저앉아 있느냐고!'

닉은 기회가 된다면 많은 사람들 앞에서 자신의 모습을 보여주고 자신이 살아왔던 지난날을 얘기해주고 싶었다. 희망을 전하고 싶었던 것이다. 그러기 위해선 일단 강해져야 했다. 그래서 닉은 새로운 일에 과감히 도전했다.

사실 따지고 보면 닉에게는 하루하루가 모두 도전의 연속이었다. 식사를 하는 것도, 양치질을 하는 것도, 책장을 넘기는 것도, 컴퓨터와 인터넷을 하는 것도, 화장실에 가는 것도, 외출하는 것도, 친구를 사귀는 것도, 모두 다 어렵고 두려운 일이었다. 그러나 그는 한순간도 망설이지 않았고 주저하지 않았다.

'이번에는 서핑에 도전해보자.'

뜨거운 태양빛이 내리쬐는 여름날, 닉은 왼쪽 팔이 없는 여자 친구와 함께 바다로 나갔다.

"닉, 정말로 할 수 있겠어? 괜히 고집 피우지 말고 지금이라도 돌아가자, 응?"

여자 친구는 걱정이 된 나머지 계속 그를 만류했다.

"괜찮아, 저 파도가 어서 오라고 날 부르는데 돌아가긴 왜 돌아가. 난 할 수 있어."

사실 보통 사람도 파도 위에서 중심을 잡고 서핑을 한다는 게 쉬운 일이 아니다. 더욱이 파도에 휩쓸려 목숨을 잃은 사람이 적지 않을 정도로 서핑은 위험한 스포츠였다. 그런데 팔다리가 없는 닉이 하겠다고 나서니 여자 친구로서는 여간 걱정이 되는 게 아니었다.

잠시 후 바다를 바라보던 닉은 보드 위에 몸을 싣고 바다 속으로 뛰어들었다. 출렁이는 바닷물이 몸에 닿자 비로소 두려움이 엄습했다. 하지만 여기서 물러서고 싶진 않았다. 그때 저 멀리서 집채만 한 파도가 무서운 속도로 달려오고 있었다.

"어……. 으으……. 와우!"

다행히 닉이 탄 보드는 뒤집어지지 않았다. 오히려 파도 위에 우뚝 서 있었다. 성공한 것이다. 이로 인해 닉은 큰 용기를 얻었다. 새롭고 낯선 일이 두렵긴 하지만 막상 해보면 아무것도 아니며, 누구나 해낼 수 있다는 사실을 다시 깨달은 것이다.

삶의 고난은 어떻게 이겨내느냐가 중요하다

어느 날, 닉에게 강연 요청이 왔다. 그는 흔쾌히 그 요청을 받아들였다. 그렇게 해서 그는 마침내 수많은 사람들 앞에 설 수 있게 되었다.

닉은 자신의 몸을 신기하게 바라보는 시선에 전혀 개의치 않고 밝고 당당한 목소리로 사람들을 향해 말했다.

"여기에 있는 사람들 중에는 과연 제가 어떻게 살아 왔으며, 어떻게 살아갈지 순수한 마음으로 경청하러 온 사람들도 있을 것이고, 팔다리도 없는 사람이 도대체 어떻게 움직이고, 어떻게 말하는지 궁금해서 온 사람들도 있을 것입니다. 하지만 저는 여러분이 어떤 이유로 여기에 왔는지는 전혀 상관하지 않습니다. 왜냐하면 이제부터 저와 함께 한다면 분명 여러분들은 감동을 받게 될 것이며, 자기 자신이 얼마나 행복한 사람인지 깨달을 수 있을 것이기 때문입니다."

닉의 자신감 넘치는 당당함에 잠시 수군거리던 청중들은 어느새 시선을 닉에게 고정시킨 채 조용해졌다.

"보시다시피, 저는 팔과 다리가 없습니다. 그렇다고 해서 외계인은 아닙니다. 지구 밖으로 나가본 적도 없고, 지구 밖에 사는 생명체와 교신을 해본 적도 없기 때문입니다. 저는 여러분과 신체적인 차이만 있을 뿐 똑같은 사람입니다. 물론 신체적인 장애를 갖고 태어났기 때문에 저의 삶은 무척 고달프고 우울했습니다. 부모님을 미워하고 신까지 원망하기도 했습니다. 심지어 죽으려고까지 한 적이 있습니다. 왜 저는 이런 모습으로 태어났을까요? 부모님의 잘못일까요? 아니면, 신의 저주일까요? 아닙니다. 제가 이렇게 태어난 이유는 바로 제가 이 자리에 오기 위해서였습니다. 바로 여러분을 만나기 위해서였습니다. 바로 여러분에게 희망과 행복을 전해주기 위해서였습니다. 아시겠습니까? 여러분이 보기에는 제 삶이 불행할 수도 있지만 저는 전혀 그렇게 생각하지 않습니다. 저는 행복합니다. 저에겐 이 닭발이 있기 때문입니다. 닭발만 있으면 모든 것이 다 가능합니다."

그러면서 그는 그의 몸 끝에서 기형적으로 생긴 발가락 두 개를 쳐다보았다. 그것이 그가 말한 닭발이었다. 닉은 자신의 발가락을 까닥거리며 청중들에게 자신의 닭발을 보여줬다.

"이 닭발은 제 손이며, 발이자 희망입니다. 자, 보세요. 이 닭발로 여러분의 마음의 문을 두드릴 수 있습니다."

닉은 발가락을 움직여 책상을 두드렸다.

똑! 똑! 똑!

"여보세요, 거기 안에 누구 없어요? 저는 닉입니다. 노크를 했으면 말을 해야죠."

똑! 똑! 똑!

닉은 다시 발가락으로 책상을 두드렸다.

"저에게 문 좀 열어주세요. 마음의 문을 좀 열어주세요. 이처럼 이 발가락은 닫힌 문을 열기 위해서 똑똑똑 노크를 하는 손으로도 쓰입니다. 그뿐만이 아닙니다. 리듬에 맞춰 움직일 수도 있습니다."

둥둥 틱! 둥둥 틱!

닉은 고개를 좌우로 흔들며 입으로 소리를 냈다. 그리고 그 박자에 맞춰 발가락을 꼼지락거렸다.

"어떻습니까? 저는 지금 이 발가락으로 음악을 느끼며 즐기고 있습니다. 마음만 먹으면 모든 것이 가능합니다."

그때였다. 닉이 갑자기 앞으로 고꾸라졌다. 그러자 사람들이 깜짝 놀라며 소리쳤다.

"어어, 어떻게 해!"

청중들은 모두 두 눈이 휘둥그레졌다. 하마터면 얼굴을 그대로 책상에 부딪힐 뻔했기 때문이다. 하지만 다행히 아무런 사고도 일어나지 않았다.

닉은 누운 상태로 고개를 들어 청중들을 바라보며 말했다.

"길을 가다 보면 저처럼 이렇게 넘어질 수도 있습니다. 여러분은 이렇게 넘어지면 어떻게 하십니까? 옷에 묻은 흙을 털며 다시 일어나야 합니다. 왜냐하면 이렇게 넘어진 상태로는 그 어디에도 갈 수 없으니까요. 저도 가끔은 이렇게 넘어집니다. 하지만 난감하기 짝이 없습니다. 팔다리가 있다면 그냥 쉽게 일어나겠지만 저에게는 팔다리가 없기 때문입니다. 여러분, 이런 저에게 희망이 있다고 생각하시나요? 팔다리도 없는데 왜 사는가 싶으시죠? 아무리 발버둥 쳐도 쉽게 일어날 수 없을 거라고 생각하시죠? 그렇다면 제가 다시 일어서는 것은 정말 불가능한 일일까요? 그렇지 않습니다. 자, 보세요."

닉은 책이 놓여 있는 가장자리로 지렁이처럼 꿈틀거리며 기어갔다. 그리고 책 위에 이마를 갖다 댔다. 청중들은 숨을 죽인 채 그의 몸짓 하나 하나에서 시선을 뗄 수 없었다.

"저는 백 번이라도 다시 일어나려고 시도할 겁니다."

닉은 다시 일어나기 위해 책에 이마를 짚고 상체를 일으켜 세우기 위해 부단히 노력했다. 하지만 결코 쉽지 않았다. 오히려 상체가 아래로 기운나머지 이마를 책에 세게 찧고 말았다. 닉은 일그러진 얼굴로 고개를 들어 청중들을 향해 다시 강한 어조로 말했다.

"보시다시피, 저는 금방 일어나는 데 실패했습니다. 하지만 실패가 두려워 다시 시도하지 않는다면 아마 저는 두 번 다시 일어나지 못할 것입니다. 그러나 실패를 뛰어넘어 다시 시도한다면 그것은 끝이 아니라 새로운 시작이 될 것입니다. 때문에 삶의 고난은 어떻게 이겨내느냐가 중요합니다. 자, 다시 한 번 저를 보십시오."

이얍! 닉은 기합 소리와 함께 이를 악물었다. 그리고 이마를 짚고 다시 상체를 일으켜 세웠다. 일어설 듯 말 듯 아슬아슬하게 몸통이 흔들렸다.

이얍! 닉은 마지막 힘을 다해 다시 한 번 몸부림쳤다.

그리고 마침내 몸을 일으켜 세우는데 성공했다. 팔다리도 없이 넘어진 몸을 누구의 도움도 받지 않고 스스로 일으켜 세운 것이다.

그러자 청중들은 뜨거운 박수를 아끼지 않았다. 닉의 강한 의지와 도전에 감동했기 때문이다.

닉은 가쁜 숨을 몰아쉬며 말했다.

"여러분도 일어설 수 있습니다. '왜 나만 힘들고, 나만 괴로우며, 나만 외로울까'라는 생각은 버리십시오. 아무리 힘들어도 다시 일어설 수 있습니다. 저를 보십시오. 팔과 다리가 없이도 이렇게 다시 일어섰고, 지금 여러분 앞에 있지 않습니까."

비록 불행하게 태어났지만 가장 행복한 삶을 살고 있는 사람, 닉 부이치치. 그는 아무리 힘든 순간이 오더라도 목표한 바를 결코 포기하지 마라고 말한다. 그것을 포기하는 순간, 모든 것이 멈추고 말기 때문이다. 지금까지의 그의 삶이 이를 오롯이 증명하고 있다. 그런 점에서 그는 어쩌면 세상에서 가장 강한 사람이 아닐까 싶다.

자기 자신에게
끊임없이 질문을 던져라

새 한 마리가 창문을 통해 사무실 안으로 날아들었다. 곧 자신이 있어야 할 곳이 아니라고 생각한 새는 다시 밖으로 나가려고 창문을 향해 돌진했다. 하지만 안타깝게도 닫힌 창문이었다. 그런데도 새는 계속해서 그 창문으로 날아가 머리를 부딪쳤다. 바로 옆 창문이 버젓이 열려 있는데도 그런 행동을 반복했다.

아마 이를 지켜본 사람들은 분명 이렇게 생각할 것이다.

'저렇게 어리석으니 새머리라고 놀림을 당하지.'

하지만 그렇게 말하는 사람들은 과연 새보다 더 똑똑하고 현명할까. 혹시 우리 또한 그 새와 같은 일을 반복하고 있는 것은 아닐까.

그렇다. 안타까운 일일지 모르지만 우리 역시 새와 비슷한 행동을 반복하며 살아가고 있다. 특히 부정적인 생각에 사로잡혀 있을 때가 그렇다.

부정적인 생각과 짜증, 우울함은 뇌의 효율성을 떨어뜨리고 스트레스를 유발해 몸과 마음에 나쁜 영향을 미친다. 사람들은 대부분 그 사실을 아주 잘 알고 있다. 하지만 그 사실을 알면서도 매일 그것을 반복하면서 자기 자신을 괴롭히며 살아가고 있다.

세계보건기구는 2020년이 되면 전 세계적으로 심장질환 다음으로 우울증이 가장 심각한 질환이 될 것이라고 예측한 바 있다. 《영혼을 위한 닭고기 스프》와 《이유 없이 행복하라》의 저자이자, 자기계발 분야의 대표적인 작가로 잘 알려진 마시 시모프 역시 그의 저서에서 사람은 하루에 6만 가지가 넘는 생각을 하는데, 그 중 80%는 부정적인 생각이라고 주장한 바 있다.

미국의 신경심리학자이자 명상 지도사인 릭 핸슨 역시 이에 동의했다. 그는 "부정적인 경험은 접착테이프처럼 달라붙고, 긍정적인 경험은 코팅된 프라이팬처럼 밀어낸다"고 말했다. 그만큼 사람들은 긍정적인 것보다 부정적인 것에 대해 더 집착하는 경향이 있다.

'사회신경학'이라는 생소한 분야를 개척한 시카고 대학교 심리학과 존 T. 카시오포 교수는 부정적인 생각에 대한 집착도를 실험한 바 있다.

먼저 긍정적인 그림과 부정적인 그림, 중성적인 그림을 피험자들 앞에 차례대로 놓았다. 그리고 피험자들에게 그림을 보여주면서 각각의 그림에 대한 뇌의 반응을 측정했다. 그 결과, 긍정적인 그림이나 중성적인 그림보다 부정적인 그림을 볼 때 뇌가 훨씬 더 많은 반응을 보였다. 이 실험을 통해 카시오포 교수는 부정적인 생각이 뇌에 더 강한 자극을 주고, 그로 인해 인간은 그것에 대해 더욱 집착하게 되며 계속해서 그것을 반복하려 한다는 사실을 알게 되었다.

이 실험에서 알 수 있듯, 우리가 매일 아침 눈을 떴을 때 부정적인 생각이 먼저 떠오르는 건 어쩌면 본능에 가까운 자연스러운 현상일지도 모른다. 하지만 부정적인 생각이 떠오른다고 해서 그 생각에 사로잡힌다면 일상생활조차 부정적으로 흘러갈 수 있다. 따라서 의식적으로라도 부정적인 생각을 물리치고 긍정적인 생각을 강화하려는 의지와 노력이 필요하다.

질문을 통해 진짜 나와 만나라

긍정적인 나로 탈바꿈하기 위해선 일단 자기 자신에 대해 잘 알아야 한다. 삼성사회정신건강연구소가 성인남녀 199명을 심층 면담해 자아정체감을 분석한 결과, 꽤 심각한 수준의 결과치가 나왔다. 성인 4명 중 3명이 자아정체감이 취약한 '폐쇄군'인 것으로 나타난 것이다. 폐쇄군은 평상시에는 별 문제가 없지만 위기가 닥치면 자신감과 자존감이 현저하게 떨어진다. 그 결과, 부정적인 생각을 통해 위기 상황을 회피하려고 하고, 심할 경우 극단적인 선택을 하여 위험에 빠질 수도 있다.

자아정체성이 제대로 확립되지 않으면 주위 환경이나 상황에 흔들리기 쉽고 뭔가를 하고자 하는 의지 역시 약해진다. 때문에 자신의 삶을 생산적이고 의미 있게 발전시키기 위해서는 자아정체성을 가장 먼저 확립해야 한다.

다음과 같은 질문을 스스로에게 던져보고 그에 대한 답을 찾기 위해 노력해보자.

▶ 나는 누구인가?

▶ 내 인생 목표는 무엇인가?

▶ 남들보다 내가 잘하는 것은 무엇인가?

▶ 지금 나의 위치는 어디인가?

▶ 반드시 이루고 싶은 꿈은 무엇인가?

▶ 내 행복은 어디에 있는가?

언론과의 인터뷰나 강연을 통해 닉 부이치치는 자살을 시도한 적이 있다고 고백한 바 있다. 그런 생각을 하기까지 얼마나 많은 고통의 시간을 보냈을까. 그럼에도 불구하고, 그는 그 누구보다도 더 행복하고 완전한 삶을 살고 있다. 부정적인 생각으로 가득 찼던 그가 어떻게 긍정으로 가득 찬 사람으로 변할 수 있었을까.

그 이유는 다른 데 있지 않다. 닉 부이치치 스스로 자기 자신에게 끊임없이 질문을 던졌기 때문이다.

'과연, 이런 몸으로 살아가는 게 맞을까?', '이런 몸으로 산다는 게 무슨 의미가 있을까?', '세상 사람들은 과연 나를 보고 무슨 생각을 할까?', '내가 사는 이유는 무엇일까?', '나는 누구를 위해, 무엇을 위해 살아야 하는 것일까?'

닉 부이치치는 이러한 질문을 통해 진짜 나와 만나게 되었고 삶의 의미를 되찾을 수 있었다.

그런 점에서 우리 역시 닉과 마찬가지로 스스로에게 질문을 던지며 그 해답을 찾기 위해 깊은 사색에 잠길 필요가 있다. 자신이 묻는 질문에 대해 바로 대답하지 못하고 망설인다면 삶은 계속해서 이리저리 방황만을 되풀이할 것이다. 때문에 다른 무엇보다도 삶의 근본에 대해 끊임없이 질문을 하고, 대답해야 하며, 자신만의 답을 가지고 삶에 임해야 한다.

자아정체성은 인생을 내 것으로 만드는 근간이 되는 개념이고 반드시 찾아내야 할 숙제이기도 하다. 자아정체성이 바로 서면 분명한 신념과 가치관이 형성되기 때문이다. 또 마음의 텃밭에 신념과 가치관이 뿌리 깊게 박히면 주변 환경에 쉽게 좌우되거나 흔들리지 않는다. 그리고 거기에 목표와 자신에 대한 믿음이 더해지면 마음 속 숨은 능력이 발휘되고 적극적인 행동까지 이끌어내 마침내 부정을 극복하고 긍정적인 사람이 될 수 있다.

뿌리 깊게 박히면 주변 환경에 쉽게 좌우되거나 흔들리지 않는다. 그리고 거기에 목표와 자신에 대한 믿음이 더해지면 마음 속 숨은 능력이 발휘되고 적극적인 행동까지 이끌어내 마침내 부정을 극복하고 긍정적인 사람이 될 수 있다.

삶은 생각하는대로 이루어진다

시카고 로욜라대학 프레드 브라이언트 교수는 피험자들을 세 그룹으로 나눠 매일 20분씩 일주일 동안 산책을 시켰다. 더불어 각 그룹에 산책을 하는 동안 다음과 같은 미션을 진행하도록 제시하였다.

▶A그룹 – 산책을 하는 동안 햇살이든 지나가는 사람이든, 자신을 가슴 벅차게 하는 대상에 시선을 고정하라.

▶B그룹 – 산책을 하는 동안 낙서, 쓰레기, 나무에 흠집 낸 것, 찌푸린 얼굴 등 부정적인 것에 시선을 고정하라.

▶C그룹 – 그냥 다른 것에 신경 쓰지 말고 산책에만 집중하라.

그리고 일주일 후 이들을 대상으로 '행복지수'에 대해 조사를 실시

했는데, 다음과 같은 결과가 나왔다.

> ▶A그룹 – 실험에 참가하기 전보다 행복지수가 높아졌으며, 다른 그룹보다 행복지수가 월등히 높았다.
> ▶B그룹 – 실험에 참가하기 전보다 행복지수가 낮아졌으며, 다른 그룹에 비해 행복지수가 가장 낮았다.
> ▶C그룹 – 실험 전이나 실험을 마친 후에도 행복지수가 거의 변동이 없었다.

이 실험을 통해 당신은 무엇을 느꼈는가.

결국, 행복은 스스로 만들어가는 것이다. 세상을 부정의 눈으로 본다면 자신의 인생도 부정적으로 변할 것이며, 세상을 밝고 선한 눈으로 보면 자신의 인생도 지금보다 더 아름다워질 것이다. 즉, 세상은 보는 그대로 이루어지며, 마음 쓰는 대로 변한다는 것을 이 실험은 우리에게 말해주고 있다.

잔인한 운명 속에서도 희망을 꿈꾼 천재화가, 프리다 칼로

다치고, 상처받고,
그래도 나는 다시

우리 인생에서 가장 중요한 것은

멀리 떨어져 있는 것을

바라보기 위해 노력하는 것이 아니라

가까이 있는 일을 성실하게 처리하는 것이다.

고난은 우리의 영혼을 더욱 견고하게 만들 수 있다.

거센 바람에도 흔들리지 않는 뿌리 깊은 나무처럼.

_마샤 그레이스

"깊은 상처가 깊은 인생을 만든다"

〈천지창조〉를 그린 미켈란젤로, 〈모나리자〉를 그린 레오나르도 다빈치, 〈게르니카〉를 그린 피카소, 그리고 〈황소〉를 그린 이중섭까지……. 우리 귀에 익숙한 미술가들이다. 하지만 그들이 그런 유명 작품을 남기기까지는 우여곡절이 많았다. 예술혼을 불태우기 위해 스스로 고립을 자초하기도 했고, 한 많은 세상과 맞서 싸우기도 했으며, 소중한 것들을 버려야 하기도 했다. 그런 고난과 모진 세월이 있었기에 후대에 길이 남을 만한 작품을 남길 수 있었다.

여기, 고난이라면 그 어떤 미술가에게도 뒤지지 않을 사람이 한 명 있다. 그녀는 그 어떤 사람보다도 파란만장한 삶을 살았고, 그 어떤 예술가보다도 자신의 혼을 담아 작품 활동을 했다. 이에 그녀는 태평양 건너 멕시코에서 20세기 최고의 여류화가로 꼽히고 있다.

화폭 속에 자신의 치열했던 삶과 가혹한 운명의 기억까지 고스란히 담아낸 불꽃같은 화가, 그녀의 이름은 프리다 칼로다.

그녀의 작품을 보면 색채가 강렬하고 창조적인 구도를 가지고 있다. 작품의 소재 역시 남다르다. 그녀의 작품 소재는 풍경이나 타인이 아닌 자기 자신이기 때문이다. 이에 많은 미술 평론가들이 그녀에게 다음과 같은 질문을 던지곤 했다.

"프리다 씨, 당신의 작품 속에는 유독 당신 자신이 많이 등장합니다. 혹시 그럴만한 이유라도 있습니까?"

이에 그녀는 옅은 미소를 보이며 덤덤한 표정으로 말했다.

"저는 늘 혼자였고, 항상 그림을 그려왔습니다. 저보다 제 자신에 대해서 더 잘 아는 사람은 결코 없습니다. 그래서 저는 제 자신을 그리며 저와 대화를 나누는 것입니다."

이를 통해 그녀가 얼마나 고독한 삶을, 상처 입은 삶을, 암울한 삶을 살았는지 짐작할 수 있다.

끔찍했던 인생의 서막

그녀는 1907년 멕시코시 교외의 코요아칸이라는 곳에서 태어났다. 그녀의 아버지는 독일 출신의 사진사였고, 어머니는 멕시코 사람이었다. 특히 아버지는 관공서에서 일하다가 멕시코 혁명으로 인해 직장을 잃게 되었는데 간질을 앓았다. 때문에 어쩔 수 없이 먹고사는 문제는 어머니의 몫이 되고 말았다.

그러던 중 프리다가 여섯 살이 되던 해, 그녀에게 큰 불행이 닥쳤다.

"프리다, 똑바로 걸어야지."

"엄마, 잘 안 돼요."

"장난하지 말고 똑바로 걸으라니까. 그렇게 다리를 절뚝거리면 안 돼. 보기 흉하단 말이야."

"엄마, 일부러 그러는 게 아니에요. 발이 정말 말을 듣지 않아요."

"뭐, 그게 정말이니? 자, 천천히 다시 한 번 걸어보렴."

그녀는 제대로 걷기 위해 왼쪽 다리에 힘을 줬지만 마음대로 되지 않았다. 왼쪽 다리가 곧게 펴지지 않는 것이었다.

"엄마, 다리가 이상해요. 어떻게 해요? 무서워요."

엄마는 그녀를 업고 황급히 병원으로 달려갔다. 그리고 정밀검사 결과, 소아마비로 판명되었다. 이로 인해 그녀는 평생 왼쪽 다리를 절어야 했다. 그녀 인생에 있어 험난한 앞날이 예고되는 날이었다.

그 후 그녀는 동네 아이들의 놀림감이 되었다.

"야, 네가 거위니? 왜 그렇게 뒤뚱거리냐?"

"가까이 오지마. 우리 엄마가 너랑 놀지 말라고 했어."

그녀는 친구들과 함께 놀고 싶었지만 여의치 않았다. 밖에 나가면 잔뜩 상처만 받게 되었고 친구 역시 사귈 수 없었다. 그래서 대부분의 시간을 혼자 집 안에서 보냈다. 그런데 그나마 마음이 잘 통했던 언니마저 가출을 하는 바람에 다시 외톨이가 되고 말았다.

공부와 책을 좋아했던 그녀는 1921년 멕시코 최고의 명문인 국립예비

학교에 입학했다. 여전히 장애로 인해 멸시와 놀림을 당하긴 했지만 그래도 더 이상 숨거나 피하지 않았다. 자신의 실력에 큰 자부심을 느꼈기 때문이다.

그곳에서 그녀는 첫사랑을 만나게 되었다. 그 남자를 보자마자 사랑에 빠졌고, 그 남자 역시 그녀를 좋아하게 되었다. 그러나 그 사랑은 오래가지 못했다. 생각하지도 못했던 끔찍한 일이 그녀를 기다리고 있었기 때문이다.

1925년 9월의 어느 날이었다. 버스를 타고 가던 그녀는 갑작스런 '쿵' 소리에 깜짝 놀랐다. 그녀가 타고 가던 버스가 전차와 충돌을 한 것이다. 버스는 맥없이 뒤집어졌다. 이에 버스는 순식간에 아수라장으로 변했다. 여기저기서 고통을 호소하는 부상자들이 속출했다. 그나마 큰 부상자가 없는 게 다행이었다. 하지만 엄청난 불행이 유독 그녀에게만 달라붙었다. 버스의 손잡이에 달려 있는 쇠파이프가 그녀의 몸을 관통한 것이다.

온몸의 뼈가 으스러지고 근육들이 뒤틀리며 피가 솟구쳤다. 이로 인해 버스 안은 피바다가 되었고, 그녀는 정신을 잃고 말았다. 황급히 병원으로 옮겨진 그녀는 대수술을 받아야 했다. 수술이 끝난 후 그녀의 귓가에 의사와 가족이 나누는 대화가 들려왔다.

"하반신마비입니다. 절망적인 상황이긴 하지만 목숨을 구한 것만으로도 다행이라고 생각하십시오."

"그럼 평생 이렇게 누워서 지내야 한다는 건가요?"

그녀의 눈가에서 눈물이 흘러내렸다. 차마 눈을 뜰 수가 없었다. 더욱이 절망스러운 건 그녀가 다쳤다는 소식을 듣고 남자 친구가 그녀를 떠난 것이다.

'왜 하필 나일까?'

'앞으로 난 어떻게 살아야 할까?'

'과연, 나 자신을 사랑할 수 있을까?'

생각을 한다는 것 자체가 고통스러웠다. 차라리 그 사고로 생각마저 빼앗겼다면 덜 고통스러웠을 텐데, 라는 생각이 하루에도 몇 번씩 들었다. 그녀는 그렇게 한 달 이상을 석고 틀 속에서 마치 시체처럼 갇혀 지내야 했다. 숨만 붙어 있다 뿐이지 죽은 목숨과도 다르지 않았다.

겨우 기력을 회복해 다시 집으로 돌아온 그녀는 하루 종일 침대에 누워 있어야 했다. 그녀의 눈에 보이는 건 오직 두 가지였다. 하나는 천장이고, 다른 하나는 창문 밖의 풍경이었다.

'저 창문 너머엔 무엇이 있을까? 세상은 여전히 아름다운데, 왜 나는 이런 모습으로 여기에 누워 있을까.'

이런저런 생각 속에서 무의미하게 하루하루를 보냈다. 그러던 어느 날, 창문 너머로 새 한 마리가 유유히 하늘을 나는 모습이 보였다. 순간, 자신도 새처럼 다시 비상하고 싶다는 생각이 들었다.

'그래, 몸은 이래도 정신까지 날개를 잃은 건 아니야. 다시 힘을 내자.'

그때부터 그녀는 고통을 잊기 위해 무수한 상상을 했다. 상상 속 자신의 모습은 아름다웠고, 당당했으며, 무엇보다도 건강했다.

생각이 변하니 생활도 변하기 시작했다.

"엄마, 천장에 거울 좀 달아주세요. 제 모습을 보고 싶어요. 제 모습을 그려보고 싶어요."

천장에 붙은 거울을 보며 그녀는 자신의 모습을 그리기 시작했다. 그림만이 유일한 희망이며 삶을 지탱하는 힘이었다.

미술 교육을 제대로 받은 적은 없었지만 사람의 열망과 간절함이 얼마나 큰 위대함을 잉태하는지 그녀는 여실히 증명했다. 하루 종일 붓을 놓지 않고 손이 아닌 가슴으로 그림을 그리다 보니 그림 실력은 하루가 다르게 늘었다. 자신만의 독특한 작품 세계가 조금씩 형성되어 간 것이다. 그렇게 미술을 통해 삶의 의욕을 되찾으면서 몸 역시 서서히 회복되었다.

잔인한 운명 속에서도 희망을 꿈꾸다

1928년 오랜 투병 생활이 끝나고 겨우 몸을 가누게 된 그녀는 다시 학교로 돌아갔다. 그리고 운명과도 같은 사람을 만나게 되었다. 멕시코 출신의 천재 화가 디에고 리베라였다.

그녀는 첫눈에 그에게 깊은 사랑을 느꼈고, 그 역시 그녀의 신비한 매력에 마음을 빼앗겼다. 두 사람의 관계는 빠른 속도로 진전되었다. 그리고 마침내 1929년 8월 결혼식을 올렸다. 둘의 나이 차이는 무려 스무 살이나 났다. 이런 결혼을 탐탁하게 여길 리 없는 그녀의 어머니는 그녀에게 이렇게 말했다.

"코끼리와 비둘기의 결합만큼이나 너희 두 사람은 어울리지 않아."

하지만 그녀는 그 말에 전혀 신경 쓰지 않았다. 오히려 그의 아이를 빨리 갖고 싶었다. 하지만 뜻대로 되지 않았다. 혹시나 해서 병원에도 가 봤지만 오히려 충격적인 사실을 듣게 되었다.

"안타까운 일입니다만, 당신은 선천적인 자궁 기형입니다. 때문에 임신을 할 수가 없습니다."

이제 겨우 삶의 의욕을 되찾아 새로운 삶을 살려는 그녀에게 또 한 번의 시련이 찾아온 것이다. 의사에 말을 그녀는 결코 받아들일 수 없었다.

지칠대로 지친 그녀는 다시 붓을 들었다. 그림을 그리지 않고서는 미쳐버릴 것만 같았다. 그때 그녀가 그린 작품이 〈나의 탄생〉이라는 그림으로, 어머니의 다리 사이로 나와 있는 아이가 죽어 있는 듯 피를 흘리고 있는 그림이다. 그 아이는 자신의 얼굴이었지만 어쩌면 이 세상 밖으로 나오지 못하는 자신의 아이를 형상화한 것일지도 모른다.

그러던 중 결코 일어나서는 안 될 끔찍한 사건이 하나 더 일어났다. 남편 디에고가 자신의 동생인 크리스티나와 불륜을 저지른 것이다. 도저히 믿을 수 없는 일이었다.

'왜 세상은 나에게 끊임없이 고통을 주는 거야. 일생 동안 나는 두 번의 끔찍한 사고를 당했어. 첫 번째 사고는 열여덟 살 때 나를 부순 전차였고, 두 번째 사고는 바로 디에고를 만난 거야.'

결국 그녀는 디에고와 헤어지기로 했다. 하지만 더 이상 울지 않았다.

'그래, 새삼스러울 것도 없지. 어차피 나는 고통 속에서 항상 살아왔으니까.'

그녀는 고통을 잊기 위해 또다시 그림에 몰두했다. 〈도로시 헤일의 자살〉, 〈땅의 과일들〉 등과 같은 작품들이 이 당시에 그려진 것들이다.

고통은 그녀의 상상력을 자극했고 천재성을 깨웠다. 이에 그녀는 현실과 초현실을 넘나드는 자신만의 독특한 그림 세계를 과감히 펼쳤다. 그 결과, 그녀는 당대 최고의 작가였던 피카소와 칸딘스키로부터 극찬을 받으며 일약 미술계의 저명인사로 발돋움하게 되었다.

세상의 모든 고통을 초월하다

하지만 그녀의 마음 한구석은 늘 공허하고 외로웠다. 자신을 배신한 디에고가 죽일 만큼 미웠다. 하지만 웬일인지 자꾸만 그의 얼굴이 아른거렸다. 디에고 역시 마찬가지였다. 이에 이혼한 지 두 해가 지났을 무렵, 디에고가 다시 그녀 앞에 나타났다. 그리고 두 번째 청혼을 했다.

"프리다, 나를 받아주시오. 결국 내게는 당신 밖에 없다는 걸 알게 되었소."

그렇게 해서 두 사람은 다시 결합했다. 그리고 두 번 다시는 헤어지지 않기로 약속했다. 하지만 어김없이 그녀에게 또 다른 고통의 시간이 찾아왔다. 오른쪽 발이 세균에 감염되어 발가락을 절단하는 수술을 받게 된 것이다.

"괜찮아요, 디에고. 당신이 내 곁에 있으니까요."

그 후로도 그녀는 여섯 차례의 수술을 더 받아야 했다. 하지만 수술을 받는 동안에도 그녀는 붓을 놓지 않았다. 그 붓은 어떤 진통제보다도 더 강력했다.

그녀의 대표작으로 뽑히는 척추에 철근이 박힌 〈부러진 척추〉와 화살을 맞아 피를 흘리는 〈다친 사슴〉이 이즈음 그려졌다.

그러다 다시 또 병이 도져 오른쪽 발을 잘라내야 하는 지경에 이르렀다. 하지만 수술대에 올라가는 그녀의 표정은 참으로 편안해 보였다. 마치 이 세상 모든 고통을 다 초월한 느낌이었다.

"난 행복해요. 내가 좋아하는 그림을 그리면서 살았던 것도, 그리고 사랑하는 사람을 만나서 지낸 것도요. 난 분명 디에고보다 먼저 죽을 거예요. 그러나 전혀 슬프지 않아요. 어차피 디에고가 먼저 죽는다면 살아 있으리라 기대할 수 없을 테니까요."

수술 후 그녀는 잠시 건강을 회복했지만 잇따른 수술과 쇠약해진 몸 탓에 폐렴을 앓다가 47세의 나이로 세상을 떠나고 말았다.

그녀는 자신의 죽음을 예언이라도 한 듯 마지막 일기에 이렇게 적었다.

'이 외출이 행복하기를, 그리고 다시 돌아오지 않기를.'

고통의 연속인 삶 속에서도 시련과 아픔마저도 초월한 채 누구보다도 아름답게 살았던 그녀였기에 가능한 말이었다.

생전에 그녀는 고통에 대해서 이렇게 말한 바 있다.

"고통을 회피하지 마라. 그것은 정면 돌파해야 한다."

더 이상 흘러간 시간에 얽매이지 마라

프리다 칼로처럼 고난과 역경의 삶을 산 사람이 또 있을까. 신은 그녀에게 잠시도 행복할 틈을 주지 않았다. 소아마비, 교통사고, 남편의 바람, 이혼 등 그녀의 삶은 고통과 불행의 연속이었다. 그럼에도 불구하고, 그녀는 붓을 놓지 않았다. 그림 그리는 일이야말로 지옥과도 같은 삶을 견디게 하는 유일한 탈출구였기 때문이다.

어떤 이는 이렇게 말하곤 한다.

"만약, 그녀에게 그림이 없었다면 삶을 견딜 수 없었을 것이다."

하지만 이는 옳은 말이 아니다. 그림이 없었다면 그녀는 분명 그림을 대체할 만한 다른 것을 또 찾아냈을 테니까.

그녀를 살게 한 건 단지 그림이 아니라 과거에 얽매이지 않고 더 나은 삶을 살고자 했던 그녀의 뜨거운 갈망이었다. 아울러 그것을 뛰어

넘는 현실에 대한 지독한 사랑이었다.

그녀가 과거의 상처에 발목이 잡힌 나머지 앞으로 나가지 못했다면 그녀는 과거의 여자가 되었을 것이다. 하지만 그녀에게 과거는 그저 흘러간 시간이었을 뿐이다.

그녀처럼 우리 역시 과거로부터 자유로워질 수 있을까. 특히 그 과거가 아픈 상처와 고통으로 점철된 것이라면.

실패와 상처를 인정하고, 또 다른 가능성에 눈을 돌려라

비 내리는 어두운 하늘을 바라보는 마음은 어떨까. 대부분 우울하고 답답할 것이다. 그러나 그 중에는 비 내리는 하늘 뒤에 숨어 있는 무지개를 보는 사람들도 있다. 그들은 어떤 상황에서든 절망하지 않는다. 상처와 실패를 인생의 한 부분으로 받아들이고 또 다른 가능성에 눈을 돌린다.

▶ 에티오피아의 마라톤 영웅, 바킬라 아베베

에티오피아의 마라톤 선수 바킬라 아베베가 전설적인 영웅으로 불리는 이유는 단지 그가 올림픽 경기에서 맨발로 전 코스를 완주해 우승을 차지했기 때문만은 아니다. 그를 위대하게 만든 건 그 이후의 일 때문이다.

그는 마라톤 우승을 차지한 후 교통사고를 당했다. 그야말로 끔찍한 사고로 다시는 두 다리를 사용할 수 없는 절망적인 상황이었다. 당연히 더 이상 마라톤을 할 수 없었다. 아니, 제대로 걷기조차 힘들었다. 그러나 그는 결코 절망하지 않았다.

'돌이킬 수 없는 일이니, 생각해봐야 아무 소용이 없어. 차라리 현실을 받아들여야 해. 그래, 내가 할 수 있는 또 다른 일이 있을 거야.'

그에겐 건강하고 튼튼한 두 팔이 남아 있었다. 그는 두 다리가 아닌 두 팔로 다시 달리기를 시작했다. 그리고 몇 년 후 또다시 금메달을 목에 걸었다. 노르웨이에서 열린 장애인 올림픽에 출전해 썰매 경주에서 우승을 한 것이다.

▶ 살아 있는 사이클의 전설, 랜스 암스트롱

랜스 암스트롱은 25살이 되던 해인 1996년 고환암 선고를 받는다. 이미 폐와 뇌까지 암세포가 전이되었다는 의사의 말에 그는 큰 충격을 받았다. 몇 차례의 수술과 참기 힘든 항암제 치료를 받았지만 사이클 선수였던 그에게 더 이상의 희망은 없어 보였다. 그러나 그는 실패한 인생을 살고 싶지 않았다. 이에 재기의 불씨를 당기기로 했다.

그는 불굴의 의지로 다시 사이클을 시작했고, 지옥의 레이스라고 불리는 '투르 드 프랑스' 사이클 대회에서 우승하겠다는 목표까지 세우게 된다. 그리고 마침내 1999년 '투르 드 프랑스' 대회에서 기적 같은 우승을 차지했다. 그 후로도 그의 기적은 끝나지 않았다. 이 대회에서 7연패를 달성한 최초의 선수가 된 것이다.

▶ 불후의 명저 《사기》의 저자, 사마천

중국 전한시대 기병대장 이릉(李陵)이라는 장수가 있다. 그는 적은 수로 흉노족을 무찔렀지만 돌아오는 길에 적의 대군을 만나 끝내 항복하고 말았다. 이를 두고 다시 황제였던 무제는 이릉의 일족을 몰살시키라고 명하였다. 하지만 궁중의 자료를 관리하던 사마천은 이릉을 변호하며 다음과 같이 말한다.

"황제 폐하, 이릉만한 장수가 이 나라에 또 어디 있습니까? 그는 목숨을 걸고 황제 폐하를 위해 싸웠습니다. 하지만 적군의 수가 너무 많아 어쩔 수 없이 항복을 한 것입니다. 비록 싸움에서는 졌지만 그는 이 나라의 충신입니다."

하지만 사마천의 말에 무제는 더욱 분노를 느꼈다. 이에 그를 궁형(중국에서 행해지던 5형 중 하나로 생식기를 없애는 형벌)에 처하라 명한다. 당시 사마천의 나이 38세였다.

하지만 그는 갑작스런 불운에도 전혀 당황하지 않았다. 비록 그에게 가해진 형벌은 참혹하기 그지없었으나 인생까지 버릴 순 없었기 때문이다. 이에 분노와 슬픔으로만 인생을 마무리할 수는 없다는 생각에 집필에 몰두한다. 손목이 쑤시고 눈이 침침해도 결코 붓을 놓지 않았다. 그리고 마침내 130권, 52만 6,500자라는 방대한 분량을 가진 불후의 명저《사기》를 탄생시킨다.

모든 것은 곧 지나간다

당신이 시련을 겪고 있을 때나 성공에 도취되어 있을 때 반드시 머릿속에 새겨놓아야 할 명언이 하나 있다. 이 명언의 유래는 다윗 시대로 거슬러 올라간다.

다윗 왕이 어느 날 궁중의 세공인에게 한 가지 명령을 내렸다.

"나를 위해 아름다운 반지를 만들어라. 그리고 반지에는 글귀를 넣되, 그 글귀는 내가 큰 승리를 거둬 기쁜 마음을 억제하지 못할 때 그것을 조절해줄 수 있어야 하고, 내가 큰 절망에 빠졌을 때는 용기를 줄 수 있는 것이어야 한다."

다윗의 명령을 받은 세공인은 깊은 고민에 빠졌다. 기쁜 마음도 억제해줘야 하고, 절망스러울 때는 용기를 줄 수 있는 두 가지를 한꺼번에 만족시켜주는 글귀를 찾는다는 게 결코 쉽지 않았기 때문이다. 고민에 고민을 거듭했지만 마땅한 글귀를 찾을 수 없었던 세공인은 나라에서 지혜롭기로 소문난 솔로몬 왕자를 찾아갔다.

"왕자님, 기쁨을 조절해줄 수도 있으면서 또 절망했을 때는 용기를 줄 수 있는 그런 글귀가 있을까요?"

솔로몬은 잠시 생각에 잠기더니 다음과 같이 말했다.

"이 글귀를 새겨 넣으시오. '이 또한 곧 지나가리라.'"

세공인이 머리를 갸웃거리자 솔로몬이 글귀에 대해서 다음과 같이 설명을 해주었다.

"왕이 승리에 도취한 순간, 그 글귀를 보게 되면 그 승리 또한 금방 옛일이 될 것이라는 걸 깨닫고 자만심에 도취되지 않을 것이고, 반대로 절망에 빠졌을 때도 그 절망적인 상황 또한 금방 옛일이 될 것이라는 걸 곧 깨닫게 될 것이오."

어쩌면 프라다 칼로야말로 솔로몬의 지혜를 가진 여인일지도 모른다. 수많은 역경과 시련이 닥쳤지만 모든 일을 인생에서 지나가는 여러 일 가운데 하나로 여기고 다시 새로운 인생을 준비했기 때문이다.

다치고, 상처받고, 그래도 나는 다시

미국 최초의 여성 국무장관, 콘돌리자 라이스

나는 지금 무엇을 하고 있으며,
어디를 향해 가고 있는가

일을 즐기기 위해서는

자기 자신이 하나의 목표를 향해

어떻게 해서든 전진해 나가고 있다는 사실을 알고 있어야 한다.

목적 없이 일하거나 빙글빙글 원을 그린다거나

진공상태에 놓여 있다는 느낌은

생산성이라는 면에서 볼 때 금물이다.

그것은 눈가리개를 한 채 일을 잘해낼 수 없는 것과 마찬가지다.

중요한 것은 인생의 목적을 갖고 있다는 사실이며

당신의 에너지와 시간이

당신을 어떤 목표로 이끌어 가고 있다는 것을 느끼는 것이다.

_D. 웨이트리

"가능성은 인생의 또 다른 이름이다"

1963년 8월, 워싱턴의 링컨기념관에서 있었던 일이다.

한 흑인 목사가 거울 앞에 서서 옷매무새를 매만졌다. 얼굴은 몹시 상기 되어 있었고 긴장을 했는지 입술은 바짝 말라 있었다.

그때 말끔하게 차려 입은 한 청년이 목사에게 다가왔다.

"목사님, 시간되었습니다. 이제 연단에 오르시죠."

"알겠습니다. 그나저나 사람들이 많이 모였습니까?"

하지만 청년은 아무 말이 없었다.

"광장에 사람들이 그리 많이 모이지 않은 모양이군요."

"목사님께서 직접 눈으로 확인해보십시오. 자, 어서 가시죠."

목사는 고개를 끄덕인 후 연단이 있는 곳으로 나갔다. 목사의 모습이 보이자 광장에 모인 사람들은 우레와 같은 박수소리와 함께 함성을 터트렸다.

목사는 구름떼처럼 모인 시민들을 보고 입을 다물지 못했다. 인파로 뒤덮인 광장을 보니 가슴이 벅차고 뜨거워졌다.

'그래, 모두 다 갈망하는 거야. 우리들의 자유를 그리고 우리들의 인권을.'

그날 광장에 모인 인원은 무려 25만여 명에 이르렀다. 사람들은 목사의 이름을 연호하기 시작했고, 목사는 손을 흔들어 화답했다. 그리고 곧이어 연설이 시작되었다.

"여러분, 이곳이 어디입니까? 바로 링컨기념관입니다. 100년 전 링컨대통령은 '흑인 노예 해방'을 선언했습니다. 그 선언은 흑인 차별에 대한 철폐를 의미합니다. 그러나 지금 어떻습니까? 흑인들에게 자유가 주어졌습니까? 백인들과 똑같은 대접을 받고 있습니까? 지금도 여전히 흑인들은 차별로 인해 고통을 받고 있습니다. …… (중략) …… 나에게는 꿈이 있습니다. 언젠가 이 나라가 모든 인간은 평등하게 태어났다는 것을 자명한 사실로 받아들이고, 그 진정한 의미를 신조로 살아가게 되는 날이 오리라는 꿈입니다. 머지않아 조지아의 붉은 언덕 위에 노예였던 부모의 자식과 그 노예의 주인이었던 부모의 자식들이 형제애의 식탁에 함께 둘러앉는 날이 오리라는 꿈입니다. 언젠가는 불의와 억압의 열기에 신음하던 저 황폐한 미시시피 주가 자유와 평등의 오아시스가 될 것이라는 꿈입니다. 나의 네 자녀들이 피부색이 아니라 인격에 따라 평가받는 그런 나라에 살게 되는 날이 오리라는 꿈입니다."

목사의 연설이 끝나자, 그곳에 모인 사람들은 서로를 끌어안은 채 눈물을 흘렸다. 흑인뿐만이 아니었다. 백인들도 다수 있었다. 흑과 백이 비로소 하나가 되는 순간이었다.

이날 링컨기념관에서 20세기 최고의 명연설을 남긴 흑인 목사, 그가 바로 흑인 인권 운동의 대부인 마틴 루터 킹 목사다. 그 후 킹 목사는 1964년 10월 노벨평화상을 수상하게 되었다. 노벨평화상의 수상은 킹 목사 개인의 영광이기도 했지만 핍박받고 차별 받던 모든 흑인들을 위한 것이기도 했다. 많은 흑인들은 이제 곧 평등한 세상, 기회가 균등하게 주어지는 세상, 살기 좋은 세상이 오리라 믿었다. 그러나 세상은 그리 쉽게 바뀌지 않았다. 백인들의 가슴 깊이 뿌리 박혀 있는 백인우월주의는 여전히 존재했고 흑인에 대한 차별 역시 지속되었다.

흑인이라는 이유만으로

흑인 여성 최초로 미국 국무장관을 지낸 콘돌리자 라이스 역시 흑인이었기에 차별과 핍박을 피할 수 없었다.

그녀는 1954년 11월, 미국 남부의 앨라배마 주 버밍햄에서 태어났다. 아버지는 목사였고, 어머니는 고교 교사였다. 그녀의 부모님의 교육열은 그야말로 뜨거웠다. 이는 집안 내력이기도 했다. 할아버지 대부터 대학을 졸업했고 사촌과 이모 등도 대학을 다녔다. 인종 차별이 심한 시기였음에도 선조들이 모두 고등교육을 받았다는 사실은 매우 이례적이었다. 특히 그곳은 타 지역보다 인종차별 정책이 더 극심했기에 더더욱 그렇다.

교사이면서도 피아니스트였던 어머니의 영향으로 그녀는 어린 시절부터 자연스럽게 피아노를 접했다. 걸음마를 떼기 시작할 무렵부터 피아노 앞에 앉아 양손으로 건반을 두드리며 놀았다.

"우리 딸, 나중에 피아니스트가 되겠는 걸."

시간이 지날수록 라이스는 피아노에 많은 애착을 가졌고 솜씨 역시 예사롭지 않았다. 이에 그녀의 어머니는 딸의 재능을 살려줘야겠다는 생각에 개인 교습까지 마다하지 않았다. 그 결과, 그녀의 피아노 실력은 나날이 발전했다. 초등학교에 입학하기도 전에 첫 연주회를 열 정도였다. 한마디로 그녀는 '음악신동'이었다.

열 살 되던 해, 그녀는 버밍햄의 음악학교에 입학했다. 그곳에서도 그녀는 뛰어난 실력으로 주목을 받았고 피아노뿐만 아니라 플루트, 바이올린도 배웠다. 그리고 방과 후에는 피겨스케이트와 외국어 등을 배우며 열정적인 삶을 살았다.

하지만 집안이 부유하다고 해서 흑인이라는 핸디캡이 사라진 것은 아니었다. 피부색 때문에 백인들에게 무시를 당해야 했고 차별을 받아야만 했다.

어느 날, 그녀는 엄마와 함께 시내에 나갔다.

"엄마, 지금 어디 가는 거예요?"

"으음, 우리 딸 옷 한 벌 사주려고. 백화점에 가는 거야."

옷을 사준다는 말에 그녀는 몹시 신이 났다. 잠시 후 백화점 의류매장에 도착한 그녀는 입이 귀에 걸렸다. 눈도 휘둥그레졌다. 알록달록 예쁜 옷들이 마음을 설레게 했다.

"와, 정말 예쁘다."

"그래, 천천히 둘러보고 제일 예쁜 옷으로 고르렴."

라이스는 매장을 돌아다니며 옷을 자기 몸에 대보았다. 맘에 드는 게 너무 많아서 어떤 걸 선택해야 할지 고민스러웠다. 한참을 고민하던 그녀는 결국 분홍색 옷을 선택했다.

"그 옷으로 결정한 모양이구나. 자, 그럼 탈의실에서 옷을 갈아입고 오렴."

그녀는 들뜬 마음으로 탈의실로 향했다. 그런데 누군가가 그녀의 앞길을 막아섰다. 바로 매장 점원이었다.

"꼬마야, 여긴 안 돼. 들어갈 수 없어."

"저 이 옷으로 갈아입을 거예요."

"안 된다니까. 흑인은 탈의실에 들어갈 수 없어. 탈의실은 백인만 사용할 수 있어."

"그런 게 어디 있어요?"

"백화점 규정이야. 그래도 그 옷을 입고 싶다면 저기 창고로 가."

점원의 말에 그녀는 당황했다. 그때 엄마가 나타나 점원에게 따지듯이 말했다.

"도대체 그런 법이 어디 있어요? 팔기 싫으면 관둬요. 여기 아니더라도 옷을 살 곳은 얼마든지 있으니까. 라이스, 다른 데로 가자."

엄마가 강하게 나오자, 점원은 결국 탈의실로 그녀를 안내했다. 하지만 그녀가 탈의실에서 옷을 갈아 있는 동안에도 주위를 살펴보며 안절부절 못했다. 흑인이 탈의실에 들어갔다는 사실이 발각되면 곧바로 일을 그만 둬야 했기 때문이다.

이날 백화점에서의 일은 라이스에게 좋지 않은 기억으로 남았다. 그리고 흑인으로 이 세상을 살아가야 한다는 게 그리 쉬운 일이 아니라는 걸 비로소 깨닫게 되었다. 이는 곧 절망으로 이어졌다. 그리고 절망은 거기서 그치지 않았다.

9살이 되던 해, 그녀는 씻을 수 없는 충격적인 사건을 접하게 되었다.

"라이스, 소식 들었니?"

"무슨 소식이요?"

"그게 말이야. 그러니까……"

엄마는 눈과 눈 사이를 찡그리기만 할 뿐 더 이상 입을 떼지 못했다.

"엄마, 왜 그래요? 무슨 일인데 그래요?"

잠시 후 엄마는 한숨 섞인 말투로 입을 열었다.

"너무 놀라지 마라. 네 친구들이 KKK단의 테러로 죽었단다."

"친구들이 죽었다고요? 그게 무슨 소리에요? 그리고 KKK단은 또 뭐고요?"

백인우월주의 단체인 KKK단의 무자비한 폭탄 테러로 인해 그녀의 친구 두 명이 죽은 것이다. 그 사건은 어린 그녀에게 충격 그 자체였다. 단지 피부색이 다르다는 이유만으로, 그것도 어린 아이들을 테러의 대상으로 삼았다는 것이 너무도 잔인하고 끔찍했다. 이에 그녀는 한 동안 그 충격에서 쉽게 벗어나지 못했다. 하염없이 눈물이 나왔고 사람들이 무섭고 세상이 두려웠다.

내가 진정으로 원하는 것

일련의 사건들을 겪으며 그녀는 뜨거운 열망이 자기 안에 있다는 걸 비로소 깨달았다. 그것은 흑인이라는 태생적 굴레를 벗어나고자 하는 열망이기도 했다. 피부색을 바꿀 순 없지만 적어도 부당한 차별을 받고도 아무 말도 못하는 바보가 되진 않아야겠다는 것이었다. 그러자면 스스로 강해져야 하고, 누구도 범접할 수 없는 실력을 쌓아야만 했다. 이에 그녀는 음대에 들어가고자 하는 꿈을 품었다. 그러나 그 꿈은 진학 담당자의 말 한마디에 접을 뻔했다.

"라이스, 네가 아무리 열심히 해도 힘들 거야. 아무도 널 받아주지 않을 테니까. 시간이 흐르면 너도 왜 그런지 알게 될 거야."

그 말은 흑인이기 때문에 아무리 실력이 뛰어나도 한계가 있으니 일찌감치 꿈을 접으라는 것이었다. 그녀는 자존심이 상했다. 실력 외에 다른 것이 평가의 기준이 된다는 게 참으로 어이가 없고 분통터지는 일이었다. 그 자리에서 선생님께 따지고 싶었지만 일단은 마음을 진정시켰다. 그리고 다짐했다.

'그래, 두고 봐. 반드시 해낼 거야. 백인보다 훨씬 잘해낼 거야.'

보란 듯이 성공을 하겠다는 오기가 생겼다. 그러나 오기만으로는 뭔가 부족했다.

그 후 그녀는 손가락에 마비가 올 정도로 피아노를 두드렸고 쉴 틈 없이 악보를 쳐다봤다. 결국 그 노력은 결실을 맺었다. 흑인 최초로 버밍햄 음악학교에 진학한 것이다. 그러나 막상 음악을 본격적으로 하다 보니 오히려 자신감을 잃게 되었다. 비로소 자신의 한계를 느낀 것이다.

'이 실력으로 카네기 홀에 설 수 있을까? 세상에는 왜 이렇게 훌륭한 음악가가 많은 것일까. 이 실력이면 결국 교사 아니면 피아노바에서 연주나 하게 될 거야.'

이에 그녀는 음악가의 꿈을 접기로 했다. 하면 할수록 재미있고 즐거워야 하는데 음악은 그것을 해결해주지 못했다.

음악가가 되겠다는 목표를 내려놓으니 순식간에 삶 자체가 너무 허무하고 무기력해졌다. 아침에 눈을 떴을 때 뭘 해야 할지 막막하기 그지없었다.

목표 없는 삶은 고통이었다. 그녀는 오랜 시간 방황을 했고 우울증을 앓았다. 그러나 결국 그녀는 마음을 다시 정상궤도에 올려놓았다. 새로운 목표를 발견했기 때문이다.

나는 지금 어디를 향해 가고 있는가

덴버대학에 입학한 그녀는 음악보다 더 매력적인 것을 발견했다. 그것은 단숨에 그녀의 마음을 사로잡았다. 바로 국제정치학이었다. 조지프 코벨 교수의 '스탈린'에 관한 강연을 들었는데 참으로 흥미로웠다.

'나라가 존재하는 한 나라 간의 이해관계와 냉전은 지속될 거야. 그러나 자국의 이익만 내세울 순 없어. 전쟁 없는 세상이 오려면 서로 양보하고 또한 서로의 문화와 역사에 대해서 제대로 이해를 해야 해.'

그녀는 국제정치학 분야의 최고의 권위자가 되기로 결심했다. 특히 러시아 전문가가 되고 싶었다. 목표가 정해지니 그녀의 얼굴에 다시 생기가 돌았고 하루하루가 분주해졌다. 사실 이전까지는 백인과 똑같은 대우를 받기 위해 개인적으로 반드시 성공을 해야 한다는 생각이 강했지만 이제는 달라졌다. 마음에 더 큰 생각을 담았기 때문이다. 국제사회에서 미국의 위상을 드높이고 인류 번영과 세계 평화에 이바지하는 일을 하겠다는 웅장한 꿈과 목표를 정한 것이다.

그때부터 그녀는 하루 종일 도서관에서 지내는 일이 많아졌다. 책상 위에 러시아 관련 서적을 수북이 쌓아두고 탐독하기 시작했다.

"라이스, 밖이 어두워졌어. 집에 안 갈 거니?"

"어, 벌써 시간이 이렇게 됐네. 너부터 가. 나는 책을 좀 더 봐야겠어."

"그렇게 무리하다가 쓰러지겠다. 적당히 해."

"걱정해줘서 고마워. 그런데 난 지금 갈 길이 아주 멀어."

그녀는 날이 새는 줄도 모르고 밤새도록 책속에 파묻혀 살았다. 알면 알수록 러시아에 대해 더 많은 흥미가 생겼다. 러시아어도 배우게 되었다. 하지만 러시아어는 발음하기가 몹시 까다로웠다. 이에 조금씩 지쳐갔지만 어느 날, TV에서 미식축구를 보고 다시 마음을 다잡았다.

'그래, 인생도 목표도 마찬가지야. 미식축구처럼 결승점을 향해 달려가야 하는 거야. 도중에 멈추면 아무것도 이뤄낼 수 없어. 옆도 뒤도 아니고 오로지 앞만 보고 달려야 해. 목표를 향해서 달리는 거야.'

그녀는 잠자는 시간 외에는 하루 종일 책과 씨름을 했다. 이에 코피를 쏟는 날이 점점 늘어났다. 하지만 결코 손에서 책을 놓지 않았다. 오직 실력만이 꿈을 이루게 할 것이며, 세상 사람들의 차별과 편견을 잠식시켜줄 것이라고 믿었기 때문이다. 이렇듯 목표를 향한 그녀의 고집스러운 집념은 이번에도 결코 헛되지 않았다.

그녀는 전 과목에서 우수한 성적을 얻었다. 뿐만 아니라 노트르담대학 석사를 거쳐 덴버대학에서 박사학위까지 취득하게 되었다. 그리고 곧 스탠퍼드대학의 정치학 교수로 임용되어 세상을 깜짝 놀라게 했다.

그 후 그녀는 쾌속엔진을 단 비행기처럼 앞을 향해 나아갔다. 국가안보 외교정책과 러시아 및 제3세계 동맹국의 경제 동맹 등을 가르치며 최고의 강사로 자리매김했다. 아울러 미국 내 러시아 분야 최고의 권위자가 되었다. 1989년에는 국가의 부름을 받고 국가안보리의 러시아, 동유럽 분과 고문이 되어 러시아 전문가로서 역량을 유감없이 발휘하기도 했다. 이에 그녀는 일약 미국 정부의 핵심 인물로 떠올랐다. 이에 당시 조지 부시 대통령은 그녀의 탁월한 업무능력과 해박한 지식에 매료되어 그녀를 옆에 두고자 했지만 그녀는 이를 정중히 거절했다.

"대통령님, 죄송합니다. 지금 제가 있어야 할 곳은 학교인 것 같습니다. 실력을 더 많이 쌓은 후 훗날을 기약했으면 합니다."

이에 다시 학교로 돌아온 그녀는 국제정치학에 대해 더 많은 연구를 했다. 2년 동안 무려 15편의 논문을 발표했다. 이에 학교 측은 그녀를 부총장 자리에 앉혔다. 스탠퍼드대학 역사상 최연소이자 최초의 흑인 여성 부총장이었다.

2001년 그녀는 조지 워커 부시 대통령에 의해 국가안보보좌관으로 임명되었다. 이 역시 미국 역사상 최초의 흑인 여성 국가안보보좌관이었다. 놀라운 것은 그 다음이었다. 4년 후 미국 역사상 최초의 여성 국무장관이 된 것이다. 흑인과 여성이라는 두 가지 핸디캡을 극복하고 세계 최강대국의 외교정책을 지휘하는 최고의 권력을 가진 여성이 된 것이다.

나약한 여자이자 흑인이었던 그녀가 막강한 권력을 가진 최고의 자리까지 오를 수 있었던 힘은 과연 무엇일까. 열정과 도전 그리고 실력도 있었지만 그걸로 다 설명할 순 없다.

그녀를 이끌었던 가장 강력한 힘은 바로 목표의 힘이다. 그녀는 목표가 정해지면 주저하지 않고 그 목표를 이루기 위해 달려갔다. 그것이 오늘의 그녀를 만들었다. 그런 점에서 그녀는 오늘도 거울 앞에 서서 스스로에게 이렇게 묻고 있을지 모른다.

'나는 지금 무엇을 하고 있으며, 어디를 향해 달려가고 있는가?'

삶의 목표가 있는 사람은
쉽게 흔들리지 않는다

하루를 산다고 해도 그 하루치의 목적이 있어야만 한다. 그 목적을 상실하는 순간, 삶의 의욕도 의미도 사라지기 때문이다.

살아가면서 가장 중요한 것은 살아가는 목적을 정확히 품고 사는 것이다. 목적이 없는 삶은 머무를 항구를 정하지 못하고 바다 한가운데를 표류하는 배와도 같기 때문이다.

목적이 뚜렷한 사람은 쉽게 흔들리지 않는다. 현재 자신이 처한 상황이 아무리 고통스러워도, 누가 자신의 존재에 대해서 알아주지 않아도 결코 흔들리거나 방황하지 않는 것이다. 스스로 정한 목표가 자신을 위로하고 격려해주기 때문이다.

라이스 역시 한때 방황을 했다. 그러나 다행히도 그녀는 곧 목표라는 가슴 뛰는 선물을 만나게 된다. 만약 그녀가 목표라는 선물을 만나지 못했다면 그녀 역시 방황의 테두리를 맴돌며 청춘과 인생을 낭비했을지도 모른다.

목표에 집중하라

성공한 사람들, 나아가 위대한 발명가나 탐험가가 이루어낸 위대한 성과나 업적들은 결코 우연히 얻어진 것이 아니다. 무엇보다도 목표 설정이 확고하게 되었기에 그런 놀라운 일을 이뤄낼 수 있었다. 콜럼버스가 아무런 목적도 없이 죽음을 무릅쓰고 바다 위에 배를 띄웠겠는가. 미지의 세계, 아직까지 발견되지 않는 대륙을 찾아야겠다는 뚜렷한 목표가 있었기에 미지의 바다를 향해 항해를 시작할 수 있었고, 수많은 역경이 닥쳤지만 끝까지 포기하지 않고 신대륙을 발견할 수 있었던 것이다. 또 에디슨은 어떤가. 그는 왜 수천 번의 실패에도 좌절하지 않고 계속 연구에 몰두했을까. 자신의 힘으로 인류의 발전과 새로운 창조물을 발명하겠다는 명확한 목표가 있었기 때문이다.

라이트 형제 역시 마찬가지다. 미국 오하이오 주의 자전거 수리공이었던 형제는 마음속에 간절한 소망을 품고 있었다. 수많은 엔지니어들이 시도했지만 실패했던 일, 바로 동력을 이용한 비행기를 만드는 것이었다. 그런 뚜렷한 목표가 있었기에 1903년 12월 17일 오전 10시 35분에 마침내 찬바람이 부는 키티호크의 킬데빌 모래 언덕에서 항공

사상 최초의 동력 비행기인 플라이어 1호를 하늘에 띄울 수 있었던 것이다.

인도 독립운동의 정신적 지도자인 간디가 갖은 핍박과 고초 속에서도 거대한 대영제국과 맞설 수 있었던 힘은 무엇일까. 그에게는 인도의 독립과 평화를 쟁취하겠다는 명확한 목표가 있었다. 이에 그 어떤 것도 두려울 것이 없었다. 그는 확고하게 믿었다. 목표의 힘은 총과 칼보다 더 강하다는 사실을.

삶의 목적과 목표를 분명히 하라

"시력을 잃은 것이 내 인생 최고의 자산이다."

이는 한국인 최초로 미국 백악관 국가장애위원회 정책차관보를 지낸 강영우 박사의 말이다. 그는 한 강연회에서 목표 설정의 중요성에 대해 다음과 같이 강조한 바 있다.

"한국의 교육열은 버락 오바마 대통령도 부러워하는 강점임에 틀림없습니다. 그러나 보이는 것만이 전부는 아닙니다. 1990년대 중반 하버드대에 입학한 한국 학생 비율은 전체 학생 1,600명의 6%나 되었습니다. 미국 수학능력시험(SAT) 성적이나 내신성적 역시 매우 우수했습니다. 그러나 같은 해 낙제 학생 중 한국 학생 비율은 10명 중 9명일 정도로 가장 높았습니다. 이것은 무엇을 말하는 것일까요? 바로 목표의

식의 부재입니다. 하버드대 입학에만 목숨을 걸었기 때문에 그 이후의 목표는 사라져 버린 것입니다. 장기적인 목표가 없었던 것입니다. 따라서 아무리 하버드대에 입학한다고 할지라도 목표가 없으면 성공할 수 없습니다."

따라서 우리는 우리가 무엇을 해야 하는지에 대해서 가장 먼저 알아야 한다. 이루고자 하는 목표와 삶의 목적을 알지 못한다면 그 어떤 일도 아무런 의미가 없기 때문이다.

보험 판매원으로 27세에 이미 큰 성공을 거둔 세계적인 부호 폴 마이어는 이렇게 말했다.

"모든 것을 실현시키고 달성시키는 열쇠는 분명 목표 설정이다. 내게 어떻게 해서 성공했느냐고 묻는다면 내 성공의 75%는 목표 설정에 있다고 단언할 수 있다. 인간은 현재의 얼굴과 바라고 싶은 얼굴을 모두 가지고 있는데, 이 두 얼굴은 대체로 겹치지 않는다. 그래서 불평불만이 나오고 결국은 실패의 비극을 맛보게 된다. 단순한 꿈과 목표는 다르다. 꿈은 정적인 생각이고, 목표는 동적인 행동이기 때문이다."

목표 달성을 방해하는 요소 제거하기

현실적으로 큰 어려움이 닥쳤다고 해서 목표 자체를 의심하기보다는 그 목표를 어떻게 하면 달성할 수 있을지를 고민해야 한다. 이에 목표 달성을 방해하는 3가지 요소와 그 방해 요소를 제거하는 방법을 소개하고자 한다.

성공이란 천천히, 묵묵히 다가가는 것

담배를 가장 쉽게 끊을 수 있는 방법이 무엇인지 아는가.

담배를 끊기 위해선 '1시간 법칙'이 유용하다. 1시간만 참아보자. 이렇게 시작하고 1시간이 지나면 또 새롭게 결의한다. 그리고 다음에는 2시간 참기로 연장한다. 이는 한꺼번에 무리하게 하려고 하지 말고 천천히 꾸준히 하는 것이 좋다는 것이다.

첫 술에 배부를 순 없다. 마찬가지로 어떤 장애가 생겨 앞으로 나갈 수 없을 때 성급하게 실망할 필요는 없다. 다시 또 시작하면 된다. 엠파이어 스테이트 빌딩이나 에펠탑 같은 건물 역시 벽돌 한 장 한 장, 철 하나 하나가 쌓여서 만들어진 것이다.

성공이란 한 번에 비약하는 게 아니다. 한 걸음 한 걸음 묵묵히 걷다 보면 언젠가는 도달할 수 있는 것이 바로 성공이다.

변명하는 사람은 성공할 수 없다

목표란 자신이 지금 행하는 능력 이상의 것을 요구한다. 그런 점에서 지금 자신이 행하는 능력만으로도 충분히 달성이 가능하다면 그것은 더 이상 목표가 아니다. 더 많은 능력, 더 많은 노력을 요구하는 것이 목표이기 때문이다. 때문에 목표를 달성한다는 것은 결코 쉬운 일이 아니다. 하지만 사람들은 다음과 같은 변명을 일삼으며 쉽게 포기하곤 한다.

▶ 이건 내 능력 밖이야.

▶ 정말로 이게 가능할까?

▶ 틀림없이 남들이 비웃을 거야.

▶ 굳이 이렇게까지 할 필요가 있을까?

▶ 운이 안 따라줄 거야.

▶ 상황이 너무 안 좋아.

하지만 이런 식으로 변명거리를 늘어놓는다면 목표를 설정한 것 자체가 무의미해지고, 설령 목표를 정했다고 하더라도 실패할 것을 미리부터 당연시하기 때문에 행동이 소극적으로 변할 수밖에 없다.

변명도 일종의 습관이다. 따라서 변명하는 습관에 젖어버리면 그만큼 성공할 확률이 떨어진다. 그러면 결국 목표를 정하지 않은 것만 못한 상황이 초래될 수도 있다.

변화를 적극 받아들여라

변화를 거부하는 사람들에겐 공통점이 있다. 자신에게 익숙하지 않는 것은 모두 위험하다고 단정 짓는다는 것이다. 뭔가가 확실하고 이득이 분명해야만 행동으로 옮기기 때문이다. 때문에 낯선 것이 다가오면 피하기에 급급하고 외면해버린다.

그러나 부딪쳐서 맞서지 않으면 얻을 수도 없다. 처음엔 불안하겠지만 시간이 지날수록 낯선 것 역시 금방 익숙해진다.

삶은 어차피 변화의 연속이다. 그 변화를 거부하고 안전만을 추구한다면 더 이상의 성장과 발전은 기대하기 어렵다. 이에 대해 아이젠하워는 이렇게 말한 바 있다.

"인생에서 원하는 것의 전부가 안전한 것이라면, 감옥에 가면 최고의 안전을 만끽할 수 있을 것이다."

세계적인 경영 구루이자《보랏빛 소가 온다》의 저자이기도 한 세스 고딘 또한 "가장 안전한 길이 가장 위험한 길이다"고 말한 바 있다.

미지의 세계를 향해 걸어가지 않으면 그 세계는 영원히 문을 열어주지 않는다. 안전을 버리고 새로운 환경에 뛰어들고 새로운 일에 도전하는 것, 그게 바로 목표를 달성하는 최고의 길이다.

위기를 기회로 만든 탁월한 승부사, 손정의

성공으로 가는 최고의 지름길은
포기하지 않는 것이다

먼저 올라야 할 산을 정하고,

10년 후 나는 이렇게 될 것이다,

30년 후에는 이렇게 될 것이다,

50년 후에는 이렇게 될 것이라, 라는

명확한 기한을 정해야 한다.

그리고 그때의 이미지를 철저하게 머릿속에서 그려야 한다.

_손정의

"강력한 믿음으로 성공을 기정사실화하라"

2011년 4월, 각 언론사 기자들이 소프트뱅크 로비에 총출동했다. 기자들은 삼삼오오 모여 이야기를 나눴다.

"손 회장이 100억 엔을 기부한다는 게 정말이야?"

"그렇다고 하던데. 자세한 건 손 회장께 직접 물어봐야겠어."

"정말 대단한 분이야. 1~2억 엔도 아니고 그렇게 많은 돈을 내놓다니. 다른 기업 회장들도 좀 본받아야 할 텐데."

"아무렴, 이름대로 손 회장은 정말 정의로운 사람 같아. 아, 저기 나온다."

손정의가 로비에 모습을 드러내자, 기자들이 우르르 몰려갔다. 그리고 순식간에 기자들에게 둘러싸였다. 여기저기서 카메라 셔터를 누르는 소리가 났고 연이어 카메라 플래시가 번쩍거렸다.

한 기자가 마이크를 들이밀며 손정의를 향해 물었다.

"일본 대지진 피해자들을 위해 100억 엔을 내놓기로 하셨다는데, 그게 사실입니까?"

손정의는 고개를 끄덕였다.

"혹시 기부액을 잘못 말씀하신 건 아닙니까? 100억 엔이 아니라 10억 엔 아닌가요?"

2011년 대지진으로 인해 일본 전역이 초토화되었다. 이에 소프트뱅크 회장인 손정의는 지진 피해자들을 위해 써달라며 100억 엔(한화로 약 1,300억 원)을 기부했다. 사실, 10억 엔(한화로 약 130억 원)이라고 해도 놀랄 만한 금액이었다. 그런데 100억 엔을 내놓은 것이다.

"회장님, 말씀 좀 해주세요."

손정의가 잠시 머뭇거리자, 기자가 되물었다.

"정말로 100억 엔을 기부할 생각이십니까?"

그러자 손정의는 고개를 끄덕이며 미소를 지었다.

"100억 엔 맞습니다. 그 금액 모두 기부하겠습니다. 아무쪼록 일본 국민 모두가 희망을 잃지 않았으면 합니다. 이상입니다. 바빠서 저는 이만 실례하겠습니다."

손정의는 기자들에게 가볍게 목례를 한 후 밖으로 나갔다.

사실 손정의라는 이름 앞에는 항상 '성공한 기업인'이라는 수식어가 따라다녔다. 그런데 이제 가슴 따뜻한 '기부왕'이라는 수식어까지 얻게 되었다. 그렇다면 그는 어떻게 해서 일본에서 영향력 있는 기업인으로 성장할 수 있었던 걸까.

목표의식이 남달랐던 재일동포 3세

손정의는 1957년 일본 규슈 사가현에서 재일 한국인 3세로 태어났다. 일본 사회에서 한국인으로 살아간다는 게 쉬운 일은 아니다. 이에 그의 할아버지는 일본인들이 힘들어서 꺼려하는 석탄 캐는 일을 했고, 아버지 역시 생선 장수부터 안 해본 일이 없었다. 하지만 열심히 일한 덕분에 어느 정도 재산을 모을 수 있었다.

그가 열 살이 되던 해, 아버지는 가족을 이끌고 큰 도시로 이사했다. 아들을 좋은 학교에 보내기 위해서였다.

"정의야, 너는 한국인임을 한순간도 잊어서는 안 된다, 알았지?"

"예, 아버지."

"그리고 네가 한국인이라고 무시당하지 않으려면 일본 아이들보다 더 열심히 공부해야 한단다, 알았지?"

"……."

이번에는 그도 쉽게 대답하지 못했다. 사실 공부에는 별 취미가 없었기 때문이다. 그는 야구나 축구 등 운동에 관심이 많았다.

어느덧 세월이 흘러 고등학교 입시를 앞두게 되었다. 공부와는 담을 쌓고 지냈던 그였지만 입시가 다가오니 갑자기 불안해졌다.

'이 점수로는 어디에도 갈 수 없을 텐데, 어떡하지?'

자신의 실력을 뻔히 알고 있으니 답답하기 그지없었다. 괜히 자신이 초라해지는 느낌이었다. 이에 자존심 강한 그는 그 날부터 마음을 독하게 먹었다.

'그래, 오늘부터 죽어라 공부만 하는 거야.'

그는 일단 목표한 고등학교 이름을 종이에 적어 벽에 붙여놓았다.

<구루메 대학 부설고등학교>

그날부터 손정의는 공부에 집중했다. 친구들이 찾아와도 손을 내저었다.

"미안해, 이제부터 놀 시간이 없어. 목표가 생겼거든."

비록 말은 그렇게 했지만 마음은 운동장을 떠돌고 있었다. 하지만 이내 마음을 다잡고 다시 공부에 집중했다. 그 결과, 얼마 후 치른 학교 시험에서 성적이 놀랄만큼 향상되었다. 이에 자신감을 얻은 그는 공부에 더욱더 박차를 가했고, 결국 목표로 삼았던 구루메 대학 부설고등학교에 당당히 합격할 수 있었다.

미국 유학, 3주 만에 고등학교 전 과정을 마스터하다

고등학교 입학 후 처음으로 맞은 여름방학에 그는 미국으로 어학연수를 떠났다. 수업은 캘리포니아 대학교 버클리 교정 강의실에서 진행되었다. 수업은 답답했지만 수업이 끝난 후에는 국립공원은 물론 샌프란시스코 시내를 마음껏 돌아다닐 수 있어서 좋았다. 모든 것이 낯설었지만 그래도 가슴이 탁 트이는 기분이었다. 더군다나 흑인과 백인이 함께 어우러져 살아가는 모습이 참으로 인상 깊었다. 문득 자신이 일본 친구들에게 차별받고 놀림 받았던 일이 떠올랐다.

"이 더러운 조센징, 너 같은 놈이 왜 여기에 있는 거야? 당장 네 나라 꺼져버려!"

일본 친구들이 던진 돌멩이에 맞아 이마에 피가 난 적도 있었다. 그는 차별 없는 곳에서 마음껏 자신의 꿈을 펼쳐보고 싶었다.

어학연수를 마치고 일본으로 돌아온 그는 부모님에게 간곡하게 말했다.

"미국으로 유학가고 싶습니다. 허락해주세요."

갑작스러운 아들의 말에 그의 부모는 당황했다.

"뭐, 미국 유학? 넌 아직 고등학생이야. 가려면 졸업이라도 하고 가렴."

"전 이제 어리지 않아요. 제게 꿈이 있고 목표가 있는데, 그깟 나이가 뭐가 중요해요."

결국 그는 부모님의 허락을 얻어내는 데 성공했다. 문제는 학교였다. 그는 학교 교장 선생을 찾아갔다.

"교장 선생님, 미국 유학을 가야 해서 학교를 그만둬야 할 것 같습니다."

"그래, 네가 원하는 일이라면 굳이 막진 않겠다. 그러나 이렇게 하는 게 어떻겠니? 학교를 그만두지 말고 일단 휴학을 해라. 그쪽에서 무슨 일이 있을지도 모르니까."

하지만 손정의는 눈을 동그랗게 뜨고 야무지게 말했다.

"휴학으로 해놓으면 미국 유학생활이 조금만 힘들어도 마음이 약해져서 다시 돌아오고 싶어질 겁니다. 그러니 아예 학교를 그만 두고 떠나겠습니다. 꿈과 목표가 분명하니 저는 잘 버틸 수 있습니다. 아니, 꼭 버텨서 지금보다 더 발전된 모습으로 돌아오겠습니다."

그렇게 해서 손정의는 1974년 2월, 마침내 미국행 비행기에 오른다. 그리고 7개월 후 세라몬테 고등학교 10학년에 들어갔다.

타국에 있다 보면 가장 힘든 건 뭐니 뭐니 해도 가족에 대한 그리움이다. 언어가 통하지 않으면 언어를 배우면 되고, 인간관계가 서먹하면 먼저 다가가면 된다. 그러나 보고 싶어도 볼 수 없는 그리움은 그 어떤 것으로도 대신할 수 없다. 이는 어린 손정의 역시 마찬가지였다. 당장이라도 부모님과 친구들 곁으로 달려가고 싶었다.

'어떻게 여기까지 왔는데 내가 이러면 안 되지. 난 반드시 성공한 기업가가 될 거야.'

그렇게 마음을 독하게 먹고 그는 다시 공부에 집중했다. 그런데 학교에서 가르치는 내용은 이미 다 아는 내용이었다. 그는 바로 교장실로 달려갔다.

"교장 선생님, 이미 다 알고 있는 내용들입니다. 학년을 올려주세요."

"정말이니?"

"예, 굳이 아는 걸 다시 배울 순 없잖아요. 시간 낭비하고 싶지 않습니다."

그의 요구는 받아들여졌다. 그렇게 해서 그는 11학년이 되었다. 하지만 놀라운 일은 다음에 일어났다. 그가 11학년 과정 역시 며칠 만에 모두 마스터한 것이다. 그는 하루 빨리 대학 입학시험을 보고 싶었다. 이에 교장 선생님은 그에게 검정고시를 제안했다.

그렇게 해서 그는 얼마 후 검정고시를 보게 되었다. 하지만 시험지를 보고 깜짝 놀랐다. 시험지가 수십 쪽에 달한 것은 물론 온통 영어로 써 있었기 때문에 문제조차 이해할 수 없었기 때문이다. 이에 그는 감독관에게 당당하게 자신의 생각을 전했다.

"이건 불공평합니다. 저는 일본에서 왔기 때문에 영어가 약합니다. 그러니 사전을 볼 수 있게 해주십시오. 그리고 시험시간도 부족합니다. 여기는 누구에게나 공평한 기회를 주는 미국이 아닙니까?"

그의 당당함과 논리에 감독관 역시 어쩔 수 없었다. 결국 그의 요구가 받아들여진 것이다. 이렇듯 그는 그 어떤 상황에도 자신이 옳다고 생각되면 주장을 굽히지 않았다.

몇 주 후 그의 집에 우편물이 도착했다. 그는 떨리는 손으로 우편물을 열었다.

'검정고시 합격을 축하합니다!'

그렇게 해서 그는 불과 3주 만에 고등학교 과정을 모두 마스터하였다.

인생을 바꾼 '인생 50년 계획'

손정의는 홀리넴즈대학을 거쳐 명문 버클리대학 3학년에 편입하였다.

'이제 나도 어른이야. 내 인생은 내가 책임져야 해.'

그는 지갑에서 종이 한 장을 꺼내 거울 앞에 섰다. 그리고 거울 속 자신에게 약속이라도 하듯 큰소리로 읽었다.

"나는 20대에 어떤 일이 있어도 사업을 일으켜 이름을 떨칠 거야. 30대에는 적어도 1,000억 엔의 자본금을 모을 거야. 또 40대에는 일본을 뛰어

넘어 세계를 놀라게 할 만한 커다란 사업을 일으킬 것이며, 50대에는 그 사업에 성공할 거야. 그리고 60대에는 다음 경영자에게 사업을 물려주고 인생의 여유를 누릴 거야.”

그게 바로 그의 인생을 바꿔놓은 '인생 50년 계획'이었다.

그는 하루에 몇 번씩 틈만 나면 그 종이를 꺼내 큰소리로 읽으며 마음의 각오를 다졌다. 그리고 작은 수첩 하나를 더 준비했다. 그 수첩은 일종의 아이디어 노트였다. 그는 하루에 하나씩 그 수첩에 아이디어를 적었다. 하루가 지나고 이틀이 지나고 시간이 흘러갈수록 수첩에는 다양한 아이디어가 쌓여 갔다. 그리고 수첩에 있던 아이디어는 숙성 과정을 거쳐 세상 밖으로 나왔다. 그렇게 해서 그는 사업가로서의 기질을 서서히 드러내기 시작했다.

그의 첫 작품은 바로 '음성 전자 번역기'였다. 키보드로 일본어를 입력하면 영어로 번역이 되고 영어 발음까지 나오는 기계였다. 그는 번역기를 가지고 일본의 종합 가전업체인 샤프전자의 사사키 전무를 직접 찾아갔다. 그 당시 사사키 전무는 환갑이 넘은 나이로 '전자산업의 1인자'로 알려진 인물이었다.

배짱 하나만큼은 두둑했던 손정의는 사사키 전무에게 자신이 만든 번역기를 보여줬다.

“이게 바로 음성 전자 번역기입니다. 영어에 약한 사람들도 이거 하나면 영어를 잘할 수 있습니다. 그리고 입시를 앞둔 수험생들에게도 매우 유용합니다.”

그는 제품의 사용법을 설명한 후 제품을 시장에 내놓았을 때의 기대 효

과까지 논리정연하게 설명했다. 이에 제품과 손정의를 번갈아가며 쳐다보
던 사사키 전무는 그 자리에서 'OK!'라고 말했다. 뿐만 아니라 프랑스어와
독일어 번역기까지도 개발해달라는 부탁했다. 스물을 갓 넘긴 청년이 일
본 대기업을 상대로 무려 1억 엔이라는 큰 계약을 따낸 순간이었다.

이를 통해 사업에 눈을 뜬 손정의는 새로운 아이템에 다시 도전했다. 일
본에서 중고게임기 10대를 구입해 비행기 편으로 미국에 들여온 것이다.
그는 시내 음식점 및 햄버거 가게 등을 돌아다니며 주인에게 게임기를 가
게 안에 설치해달라고 부탁했다.

"이 게임기를 설치하면 손님이 훨씬 더 많이 올 겁니다. 그럼 가게 매출에
도 당연히 좋은 영향을 미칠 것입니다. 그러니 일단 설치해보세요."

매출이 오를 거라는 말에 가게 주인들은 대부분 흔쾌히 허락했다. 그리
고 실제로 그의 말이 옳았다는 게 증명되었다. 게임기는 게임기대로 선전
을 했고. 가게 주인은 손님이 많아져 영업이익을 더 많이 올릴 수 있었다.
이에 손정의는 중고 게임기 사업을 확대했고 그 일로 또다시 엄청난 돈을
벌 수 있었다.

스스로 포기하지 않는 한 한계란 존재하지 않는다

대학 졸업 후 그는 본격적인 사업을 시작하기 위해 다시 일본으로 돌아
왔다. 그리고 자신이 구상한 40여 개의 사업 아이템 중 가장 괜찮은 것 하
나를 골랐다. 바로 소프트웨어를 유통하는 사업이었다. 그렇게 해서 1981
년 그의 사업은 첫발을 내디뎠다. 그는 나무로 된 건물 2층에 작은 사무실

을 열고 '소프트뱅크'라는 간판을 내걸었다. 직원이라 해봤자 고작 두 명이 전부였다. 짐이 별로 없어 이사는 반나절 만에 끝났다.

이사 온 첫 날, 그는 사무실 한가운데 사과상자를 내려놓더니 그곳에 올라가 직원 두 명 앞에서 이렇게 외쳤다.

"오늘은 소프트뱅크가 문을 연 역사적인 날입니다. 비록 지금은 두 명뿐이지만 곧 백 명, 아니 천 명이 넘는 직원들이 우리 회사에서 일하게 될 것입니다. 제가 그렇게 키우겠습니다. 그러니 저를 믿고 따라주십시오."

겨우 20대 중반의 어린 사장이었지만 포부만큼은 실로 대단했다. 직원들은 사장이 젊으니까 의욕이 좀 넘친다고 생각했다. 그러나 손정의의 말대로 사업은 순항을 계속했고 직원의 숫자는 계속 늘어갔다.

손정의는 매일 아침마다 학교에서 조회를 하듯 직원들 앞에서 자신의 꿈과 목표를 반복적으로 밝혔다. 그러나 한 직원은 그를 미친놈이라고 말하며 직장을 그만두고 말았다. 하지만 그는 멈추지 않았다. 다음날에도, 그 다음 날에도 직원들 앞에서 자신의 포부를 밝혔다.

회사가 어느 정도 성장하자 회사를 알리는 것 역시 중요했다. 이에 오사카에서 열리는 '전자전기 박람회'에 참여하기로 했다. 하지만 그곳에 참여하려면 엄청난 비용이 필요했다. 이에 그는 회사 자금의 80%에 육박하는 비용을 그곳에 쏟아 부었다. 물론 직원들은 하나같이 모두 반대했다. 박람회가 끝나자, 다행히 큰 기업과 독점계약을 맺을 수 있었다. 그러나 당장 제품을 생산할 자금이 없었다.

그는 이번에도 밀어붙였다. 은행 지점장을 찾아가 소프트뱅크의 비전에 대해 핏대를 세우며 설명한 것이다. 그러자 그의 열정과 가능성에 믿음을 가진 지점장은 담보 하나 없이 그에게 1억 엔이라는 큰돈을 선뜻 빌려줬다.

그 후에도 그의 열정과 포부는 사업에 그대로 연결되었다. 소프트웨어 유통 사업은 순풍에 돛단 듯 급성장했고, 잇따라 창간한 컴퓨터 잡지 역시 공전의 히트를 기록하였다. 그 결과, 그는 백만장자 반열에 오르게 되었다. 그러나 곧 그에게 인생 최대의 위기가 찾아왔다. 앞만 보고 열심히 달려온 탓에 몸을 제대로 관리하지 못했던 것이다. 사업이 한창 번창하던 어느 날, 그는 만성간염으로 쓰러졌다. 하지만 그는 병원에서 치료를 받으면서도 사업 구상을 멈추지 않았다. 좋은 아이디어가 생각나면 메모를 해두고 틈틈이 책도 읽었다. 그렇게 해서 읽은 책이 무려 3,000권에 육박했다.

그가 예상했던 대로 소프트뱅크는 세계적인 기업으로 성장했다. 현재 일본에서 소프트뱅크는 빌 게이츠의 마이크로소프트사와 어깨를 나란히 하는 최고의 회사가 되었다.

그는 오늘도 새로운 꿈을 향해 달려가고 있다. 젊은 시절, 수첩에 적어두었던 '인생 50년 계획'이 허황된 것이 아닌 실현 가능한 일임을 증명하기 위해서 최선을 다하고 있는 것이다. 이에 그는 이렇게 말하곤 한다.

"자신의 한계는 자신의 마음이 결정하는 것입니다. 따라서 스스로 포기하지 않는 이상 한계는 없습니다."

스스로 최고라고 주문을 걸어라

지금의 손정의를 만든 건 '인생 50년 계획'이다. 그에게 그런 확고한 계획이 없었다면, 그리고 그에게 자기 자신에 대한 강력한 믿음이 없었다면 그 역시 그저 그런 평범한 사람이 되었을 것이다.

그는 청년시절, 자신을 성공으로 이끌 다음과 같은 인생 계획표를 만들었다.

- ▶ 20대 - 세상에 내 이름을 알린다.
- ▶ 30대 - 1,000억 엔 자금을 확보한다.
- ▶ 40대 - 승부수를 띄워 사업을 확장시킨다.
- ▶ 50대 - 회사를 세계적인 기업으로 성장시킨다.
- ▶ 60대 - 사업을 후계자에게 물려주고 나만의 인생을 즐긴다.

손정의는 인생 계획표를 매일 쳐다보며 주문처럼 반복적으로 외쳤다. 그리고 일본으로 돌아온 1981년 자본금 1,000만 엔으로 소프트뱅크를 세웠다.

현재 소프트뱅크는 자회사 117개, 투자회사 79개를 거느린 세계적인 기업으로 성장하였다. 이 모든 것이 가능했던 데는 그의 탁월한 능력과 거칠 것 없는 추진력은 물론 '긍정적인 반복 암시의 힘'이 큰 역할을 했다.

긍정적인 반복 암시의 놀라운 힘

뇌 과학자들의 연구에 따르면, 인간의 뇌는 무한한 가능성을 가지고 있다. 하지만 대부분 뇌의 10%도 채 쓰지 못하고 죽고 만다. 이 얼마나 안타까운 일인가. 나머지 90%를 잘만 활용한다면 살아가면서 엄청난 기적들을 수시로 경험할 수 있을 텐데 말이다.

긍정적인 반복암시로 꿈을 이룬 인물 가운데 우리가 잘 아는 인물이 있다. 바로 축구선수 박지성이다. 그는 2008년 맨체스터 유나이티드 공식 홈페이지에 게재된 인터뷰에서 자신감을 얻기 위한 비법으로 '내가 최고다'라는 자기암시를 꼽았다. 그는 자신감을 얻기 위해서 특별하게 노력하는 것은 없고, 다만 '내가 최고다'라는 생각을 끊임없이 한다고 얘기했다.

중학교 시절 박지성을 지도했던 선생님에 따르면, 박지성이 어렸을 때부터 입버릇처럼 하는 말이 있었다고 한다. 그건 바로 "성공할 거예요"라는 말이 아니라 "무조건 성공해요"라는 말이었다고 한다. 나중에 이와 관련하여 박지성은 "그것이 착각이었을 수도 있지만 자기최면이자, 자기암시였다"고 말하나 바 있다. 또한 박지성은 어렸을 때부터 "괜찮아요. 난 잘 될 거예요"라는 말을 입에 달고 살았다.

물론 누구나 반복적으로 자기암시를 한다고 해서 박지성처럼 성공할 수 있는 것은 아니다. 성공하기 위해서는 어느 정도의 재능은 물론 무한한 노력이 필요하기 때문이다. 하지만 자신이 성공할 수 있고, 자신이 최고라는 자기암시가 없었다면 지금의 박지성은 없을 것이다.

소설가 찰스 디킨스 역시 자신의 꿈에 대한 강력한 믿음으로 성공을 일궈낸 사람 중 한 명이다. 소설《크리스마스 캐럴》,《올리버 트위스트》등으로 유명한 그의 10대 시절은 너무도 불행했다. 그는 많은 빚을 져 감옥에 간 아버지를 대신해 열 살 무렵부터 구두약 공장에서 일을 해야 했다. 현실은 고달팠지만 그래도 견딜 수 있었던 건 그에게 꿈이 있었기 때문이다. 그는 단 한 순간도 그 꿈을 잊지 않았다. 그래서 까만 구두약이 온몸을 더럽혀도, 잦은 밤샘 작업으로 코피를 쏟아도 늘 미소를 잃지 않았다. 꿈만 떠올리면 자신도 모르게 웃음이 나왔다. 이에 아침에 눈을 뜰 때도, 잠을 자기 전에도 '나는 소설가가 될 거야'라며 반복적으로 자신의 꿈을 외쳤다. 그리고 마침내 1837년에 장편소설 《피크위크 페이퍼스》를 발표하여 대중의 사랑을 받았고, 곧이어 출간한 《올리버 트위스트》를 통해 작가로서 명성과 부를 얻을 수 있었다.

뇌 속에 자신이 가고 싶은 길을 만들어라

잠재의식은 생각의 창고이며, 열망의 보고이자, 미래를 위한 발전소와도 같다. 인간이 생각을 하는 한 잠재의식은 존재할 것이며, 살아가는 동안 계속해서 많은 부분에서 큰 영향을 받을 것이기 때문이다.

세계적인 동기 부여가이자 베스트셀러 작가인 존 아사라프는 잠재의식의 형성 과정에 대해서 다음과 같이 얘기한 바 있다.

"자신의 뇌 속에 길을 만드세요. 새로운 생각이 여러 차례 반복되면 당신 뇌 속에 있던 새로운 신경과 배선이 연결되고 완전히 새로운 신경망을 형성하게 됩니다. 그리고 시간이 지나면 새로운 신경망의 오솔길은 고속도로가 되며, 이 길 위로 당신의 새로운 믿음과 새로운 정체성이 힘들이지 않고 오갈 수 있게 됩니다."

이처럼 한 번의 생각은 별 힘이 없지만 그 생각이 반복 암시를 통해 지속적으로 이어지게 되면 그 생각은 뇌 속에 깊게 뿌리를 내리게 되고 인생과 미래까지도 장악하게 된다. 때문에 잠재의식의 그릇에 무엇을 담느냐가 중요하다.

하루 종일 부정적인 생각에 사로잡혀 있다면 그 인생은 우울하고 절망적인 나날이 될 것이다. 반대로 긍정적인 생각으로 하루하루를 채운다면 다가올 미래는 분명 오늘보다 더 나은 날이 될 것이다.

목표를 달성한 자신의 모습을 상상하라

목표를 달성한 자신의 모습을 상상해보라. 얼마나 가슴 벅차고 행복한가. 그런 의미에서 지금까지의 게으른 습관과 부정적인 관념을 버리고 새로운 나, 목표를 이루는 나로 재탄생하기를 바란다. 분명 당신은 질적으로나, 양적으로나 모두 크게 성장하는 사람이 될 것이다.

다음 목표 계획표를 작성하고 자기 전에 매일 점검하면 보다 더 나은 나 자신으로 성장하는데 큰 도움이 될 것이다.

▶ 나의 최종 목표는 무엇인가?

▶ 나의 10년 후 목표는 무엇인가?

▶ 나의 5년 후 목표는 무엇인가?

▶ 나의 3년 후 목표는 무엇인가?

▶ 나의 1년 후 목표는 무엇인가?

▶ 나의 이번 달 목표는 무엇인가?

▶ 나의 이번 주 목표는 무엇인가?

목표를 다 작성했으면 두 주먹을 불끈 쥐고 큰소리로 외쳐보자.

"나는 할 수 있다! 나는 목표를 성취할 수 있다!"

다치고, 상처받고, 그래도 나는 다시

07

가발공장 여공에서 하버드대 박사가 된 희망 메신저, 서진규

새로운 도전 없이는
인생은 결코 바뀌지 않는다

번영은 훌륭한 스승이고,

역경은 더 훌륭한 스승이다.

소유는 정신을 방종하게 만들고,

결핍은 정신을 단련시키고 강화한다.

_ 윌리엄 해즐릿

"나는 희망의 증거가 되고 싶다"

"지, 지, 진……"

뇌출혈로 쓰러져 병상에 누운 노모가 며칠 만에 힘겹게 입을 열었다. 아들은 허리를 숙여 노모의 말에 귀를 기울였다.

"어머니, 뭐라고요?"

"지, 지, 진……"

"아, 진규요?"

노모는 눈을 깜박거렸다.

"지금 오고 있어요. 그러니 조금만 기다리세요. 비행기 타고 미국에서 진규가 오고 있어요."

노모의 눈망울이 촉촉이 젖었다. 급기야 눈물이 뺨을 타고 내려와 베개를 적셨다.

"울지마세요. 약해지면 안 돼요."

잠시 후 병실 문이 열리더니 짧은 머리에 당차게 생긴 중년 여자가 안으로 들어섰다. 서진규였다.

그녀는 병상에 누워 있는 어머니를 보자마자 두 눈이 휘둥그레졌다.

"도대체 이게 어떻게 된 일이예요?"

그녀는 어머니의 손을 잡았다. 노모 역시 그녀의 손을 꼭 쥐었다. 그러더니 어눌한 말투로 힘겹게 말했다.

"와, 왔구나. 우, 우, 우리 진규가 왔구나. 미, 미, 미안하다. 내가 너에게……."

어머니의 미안하다는 말을 듣는 순간, 그녀는 눈물이 핑 돌았다. 참으려고 했지만 이미 눈물이 뺨을 타고 주르르 흘러내렸다.

가난하고 억울했던 어린 시절

서진규. 그녀의 머릿속에는 '다시는 여자로 태어나지 않을 것'이라는 생각이 강박처럼 들러붙어 있었다. 그런데 이런 생각을 하게 만든 건 아이러니하게도 그녀의 어머니였다.

"이 가시나야, 불 꺼! 전기 아껴야지."

"엄마, 나 지금 책 읽고 있잖아."

"가시나가 책은 무슨, 어서 잠이나 자."

"오빠가 공부할 때는 아무 말도 안 하면서 나한테만 왜 그래?"

"남자랑 가시나랑 같나? 잔말 말고 어서 불이나 꺼."

그녀는 입술을 툭 내민 채 따지듯 계속 말을 이었다.

"도대체 엄마는 왜 오빠만 예뻐해! 나는 자식 아니야?"

"이 가시나가 지금 그걸 말이라고 하나. 네 오빠는 남자고 너는 여자잖아. 여자들은 다 필요 없어. 시집가면 끝이야. 그리고 여자들이 성공할 게 뭐가 있어. 좋은 남자 만나서 시집만 잘 가면 그게 성공한 거지. 너도 나중에 커서 남자 잘 만나라. 엄마처럼 인생 망치지 말고."

엄마는 말을 끝내자마자 깊은 한숨을 내쉬며 바닥에 주저앉았다. 그리고 넋두리를 이어갔다.

"어이구 내 팔자야, 능력도 없는 남편 만나서 내 꼴이 이게 뭐람. 그나저나 이 양반은 또 어디 간 거야. 일생에 도움이 안 된다니까. 휴, 지겨워."

어머니는 제천에서 대폿집을 했다. 어머니가 처음부터 대폿집을 하고 싶었던 건 아니었다. 능력 없는 아버지 때문에 어쩔 수 없이 생활 전선에 뛰어든 것이다.

그녀의 아버지는 엿장수였다. 사람들이 모인 곳이면 어디든 달려가 엿가위를 치며 엿을 팔았다. 그러나 생각처럼 장사가 잘 되지 않았다. 그러다 보니 엿을 판 돈으로 여섯 식구를 건사하기엔 턱없이 부족했다. 이에 어머니가 대폿집을 열기로 한 것이다.

"주모, 안주만 내오지 말고 여기 앉아서 내 술도 한 잔 받아."

"일해야 하는데, 무슨 술이에요."

"힘드니까, 한 잔씩 마셔가면서 해야지."

어머니는 처음엔 술을 입에 대지도 못했다. 하지만 단골도 만들어야 하고, 술도 팔아야 했기에 손님들이 권하는 술을 홀짝홀짝 마시기 시작했다. 그렇게 한 달, 두 달이 흐르고, 대폿집은 점점 자리를 잡아갔다. 그런데 문제는 어머니가 마시는 술의 양도 늘어났다는 것이다.

늦은 밤, 장사를 마치고 집으로 돌아온 그녀의 엄마는 항상 거나하게 취한 모습이었다. 술에 취한 엄마는 곱게 잠들지 않고 술주정을 해댔다.

"진규, 너 이리와 봐라. 이 가시나야, 집안 꼴이 이게 뭐야. 왜 이렇게 지저분해. 엄마는 밖에 나가서 뼈 빠지게 일하는데, 너는 도대체 집에서 뭐하는 거니?"

"청소했단 말이야."

"이 가시나가 어디서 말대꾸야. 네 오빠 간식은 챙겨줬어?"

"오빠가 입맛이 없다고 안 먹는다고 했어."

"이 가시나가 그걸 지금 말이라고 해! 공부하느라 힘드니까 꼬박꼬박 챙겨주라고 했잖아. 여자가 그런 것 말고 할 일이 뭐가 있어. 꼴도 보기 싫으니까 어서 꺼져버려."

그렇게 매일 밤마다 어머니의 술주정은 계속되었다. 그때마다 그녀는 술주정하는 어머니로부터 하루 빨리 벗어나고 싶었다.

엄마로부터 벗어나다

그녀는 새벽 4시 30분이면 눈을 떠야했다. 가족들의 아침식사를 준비해야 했기 때문이다. 아버지와 어머니, 그리고 오빠의 뒤치다꺼리까지 모두 그녀의 몫이었다. 하지만 그런 생활이 반복되자, 그녀는 점점 지쳐갔고 어머니에 대한 원망 역시 깊어 갔다. 분노와 반항심, 그리고 차별에 대한 오기가 마음속에서 서서히 자라고 있었다. 그래서 어서 빨리 이 현실에서 벗어나고 싶었다.

'그래, 여기서 벗어나려면 공부밖에 방법이 밖에 없어. 공부를 열심히 해서 여기서 벗어나는 거야.'

그러나 하루아침에 열등생이 우등생이 될 수는 없었다. 사실 그녀는 초등학교 3학년 때까지 꼴찌에서 맴돌았다. 이에 '멍텅구리', '바보'라는 별명까지 얻었을 정도였다. 또 그때만 해도 학생 수가 워낙 많아서 아침반, 오후반으로 나눠져 있었는데, 그녀는 항상 그것이 헷갈려 아침반인데 오후반에 가거나, 오후반인데 아침에 가는 일이 자주 있었다. 그러다보니 수업을 통째로 빼먹기는 일이 많았다. 이에 선생님께 크게 꾸중을 듣기도 했다.

그러나 엄마로부터 벗어나려면 공부를 해야만 했다. 그렇게 목표가 뚜렷해지니 그렇게 하기 싫던 공부도 차츰 재미가 붙기 시작했다. 성적 역시 상위권으로 점점 올라갔다. 그 결과, 그녀는 중학교를 꽤 괜찮은 성적으로 졸업을 하게 되었고, 어머니에게 고등학교에 가겠다고 선언했다. 하지만 어머니는 완강하게 반대했다.

"이 가시나가 지금 제정신이야? 우리 형편에 무슨 고등학교야. 그리고 여자가 중학교 졸업했으면 됐지, 뭘 더 바라. 쓸데없는 소리하지 말고 얌전히 집안일이나 해."

하지만 그녀도 결코 물러서지 않았다.

"고등학교 안 보내주면 죽어버릴 거야."

실제로 그녀는 며칠 동안 밥을 굶었다. 그리고 그것만으로는 안 될 것 같아서 선생님까지 동원했다. 선생님은 어머니를 찾아와 열심히 설득했다.

"진규 어머니, 형편이 어렵다는 건 잘 압니다. 하지만 진규가 더 공부할 수 있게 밀어주세요. 여기서 그만두기엔 실력이 너무나 아깝습니다."

그렇게 해서 그녀는 결국 서울 풍문여고에 진학할 수 있었다. 그리고 그렇게도 바라던 엄마로부터 벗어나게 되었다.

삶은 꿈꾸는대로 흘러간다

어머니를 벗어나면 모든 것이 다 내 세상일 줄 알았다. 하지만 그녀는 또 다른 절망감을 맛보아야 했다. 서울 친구들 대부분은 집안이 부유했다. 그런데 자신은 학비와 쌀은 어머니가 대줬지만 용돈까지 집에 손을 빌릴 상황은 아니었다. 때문에 스스로 용돈을 벌어야 했다. 친구들과 비교하면 상대적으로 자신의 모습이 너무 초라하기 그지없었고 허접해 보이기까지 했다. 이에 친구들과 어울려 분식점이나 빵집에 가게 되면 어김없이 얻어먹는 신세였다.

"다음엔 내가 살게."

"됐어, 넌 늘 말만 그렇게 하고 한 번이라도 산 적 있니? 조용히 먹기나 해."

친구들의 핀잔에 자존심이 상하기도 하고 화도 났지만 어쩔 수 없었다. 무너진 자존심을 일으켜 세울 수 있는 유일한 방법은 실력을 쌓는 것뿐이었다.

'그래, 기필코 성공해서 너희들한테 빵이랑 칼국수를 배 터지게 사주마.'

그때부터 그녀는 미친 듯이 공부했다. 그 결과, 3학년 때까지 우등생은 물론이고 반장을 한 번도 놓치지 않았다. 이에 충분히 좋은 대학에도 갈 수 있었다. 하지만 또 하나의 벽이 기다리고 있었다. 이번에도 어머니가 대학 진학을 완강하게 반대했던 것이다.

"네 오빠 학비 챙기는 것도 허리가 휘는데 너까지 대학을 간다고? 여자가 고등학교 나왔으면 아주 많이 배운 거야. 네가 아무리 고집을 피워도 이번에는 절대 안 돼. 취직해서 돈 좀 벌다 시집이나 가."

결국 그녀는 대학 진학을 포기하고 사촌 언니가 일하는 가발 공장에 취직하게 되었다.

"진규야, 너 지금 뭐하니? 그러다 바늘 찔리겠다. 정신 차려."

"어, 미안."

"너 도대체 무슨 생각하니? 일이 재미없니? 정신 차려서 해. 반장한테 들키면 바로 쫓겨난다."

"알았어, 잘할게."

그렇게 말은 했지만 사실 잘하고 싶은 생각은 눈곱만큼도 없었다. 그녀의 마음은 이미 콩밭에 가 있었다. 공부를 하고 싶었고, 성공하고 싶었다. 가발 만드는 것에는 소질이 없었다. 밤새도록 만들었지만 작업반장에게 퇴짜를 맞는 일이 부지기수였다.

일을 못하니 돈도 벌 수 없었다. 그러다보니 굶는 날이 많았다. 그래서 식당에 취직하면 밥은 굶지 않겠다는 생각에 골프장 식당 종업원이 되었다.

골프장에 오는 사람들은 저명인사나 성공한 사람들이 많았다. 이에 그녀는 그들에게 음식을 내놓을 때면 자기 자신이 너무나 작고 초라하다는 생각이 들었다. 더군다나 사사건건 그들은 그녀를 무시했다.

'이건 아니야. 내 안의 성공과 공부에 대한 욕망이 이렇게 강한데 여기서 이럴 순 없어.'

삶은 꿈꾸는대로 흘러간다고 했던가. 그 말처럼 성공을 꿈꾸는 그녀에게 마침내 기회가 찾아왔다. 미국 가정에서 식모를 구한다는 신문광고가 눈에 띈 것이다.

'그래, 바로 이거야. 미국으로 갈 수 있는 절호의 찬스야.'

그녀는 한국 땅을 떠나기로 결심하고 이 사실을 가족에게 알렸다. 당연히 어머니는 펄쩍 뛰면서 반대했다.

"네가 단단히 미쳤구나. 미국이라니, 너 혼자서?"

친척 어른들은 차마 듣기에도 민망한 말을 거침없이 내뱉기도 했다.

"정신 차려. 미국이 어디라고 여자 혼자서 간다는 거야? 그곳이 얼마나 무서운 곳인데, 그래. 잘못 걸렸다가는 매춘부가 될 수도 있어."

하지만 그녀에게 새로운 도전 없이는 지금의 인생이 달라질 수 없었다. 이에 망설이지 않고 미국행 비행기에 올랐다. 그때 그녀의 나이 스물두 살이었다.

희망의 증거가 되다

그런데 문제가 생기고 말았다. 식모를 구한다는 집을 찾아갔는데 이미 사람을 구한 것이다. 참으로 당황스럽고 난감한 상황이었다. 이에 그녀는 아는 사람 하나 없는 낯선 타국에서 길 잃은 철새가 되고 말았다. 하지만 죽으라는 법은 없었다. 운 좋게 그녀는 한식당인 '아리랑'에 취직하게 되었다. 한국에서 일할 때보다 일이 편했고 팁도 받을 수 있어서 수입 면에서도 괜찮았다. 이에 얼마 후에는 일을 하면서 대학에 입학해 영문학을 공부하기도 했다. 단지 돈을 벌기 위해서 미국에 온 게 아니었기 때문이다. 그리고 1975년 한국인 태권도 사범과 사랑에 빠져 결혼하기에 이른다.

하지만 결혼생활은 순탄치 않았다. 행복했던 순간도 있었지만 그 시간은 무척 짧았다. 남편의 습관적인 폭력으로 인해 그녀의 삶은 황폐해져 갔다. 남편과 함께 하는 시간은 고통의 순간이었고, 함께 머무는 공간은 지옥과도 같았다. 이러다가는 내가 저 사람을 죽일 수도 있겠다, 라는 끔찍한 생각까지 들 정도였다.

남편의 폭력이 계속되자 그녀 역시 마음의 상처와 분노가 극에 달했다. 자칫, 자신이 큰일이라도 낼 것만 같다는 생각에 더 이상 그곳에 머물 수 없었다. 결국 그녀는 미군 입대라는 선택을 하게 된다. 남편으로부터 벗어나고 싶었던 이유도 있었지만, 남자들만의 세계에 뛰어들어 여자라는 사회적 편견과 자신의 한계를 무너뜨리고 싶었다. 나아가 남자보다 여자가 더 뛰어나다는 사실을 스스로 증명해보이고 싶었다. 8개월 된 아이는 제천 고향집으로 보낸 뒤였다.

사실 입대 전 그녀는 유산을 해 몸이 완전히 망가진 상태였다. 그런 몸으로 훈련을 받았으니 힘이 든 건 당연했다. 당장이라도 탈영하고 싶었지만 딸에게 부끄러운 엄마가 되고 싶지 않아 이를 악물고 참고 견뎠다. 여자이기에 더 잘 해낼 수 있다는 걸 꼭 보여주고 싶었다.

다행히 관물정리와 위생 점검에서는 탁월한 점수를 얻었다. 훈련 역시 서서히 적응하게 되었다. 그리고 얼마 후 퇴소식에서 기적적인 성과를 이뤄냈다. 200명의 훈련병 중에서 수석을 차지한 것이다.

이후 자대 배치를 받아 복무를 하던 그녀는 주위의 권유로 간부 사관 시험에 지원하게 되었다. 그리고 고된 훈련 끝에 마침내 임관을 하게 되었고, 세계 여러 나라를 돌아다니며 근무했다. 하지만 시련은 계속해서 그녀를 따라다녔다. 군 복무를 하던 중 미국인 장교와 재혼했지만 그 결혼 역시 실패하고 만 것이다. 하지만 이제 그런 시련조차도 더 이상 그녀의 앞을 가로막지 못했다. 마음은 아프고, 삶은 고달팠지만 자신에 대한 연민과 과거의 늪에 더 이상 허우적거리지 않기로 했기 때문이다. 이에 오히려 슬픔을 잊기 위해 더욱더 열심히 일하고 부지런히 배웠다.

그즈음, 그녀는 '동북아 지역 전문가 과정'에 지원하게 되었다. 내심 합격을 기대했지만 결과는 낙방이었다. 워싱턴으로 가서 그 이유를 알아보니 여자라는 이유 때문이었다. 그녀는 분노했다. 그리고 담당관에게 가서 따졌다.

"영국의 대처 총리도 여자입니다. 그녀는 여자지만 어떤 나라도 그녀를 무시하지 못합니다. 그 이유는 그녀 뒤에 영국이 있기 때문입니다. 저 역시 제 뒤에 미국이 있습니다. 영국보다 미국이 못합니까? 그런데 왜 저를 탈락시킵니까?"

결국 그녀는 최초의 미군 여성 지역 전문가가 되었다. 하지만 거기에서 멈추지 않았다. 더 큰 성공을 이루기 위해서 하버드대에 진학하기로 결심한 것이다.

그렇게 해서 그녀는 마흔셋의 나이에 하버드대 석사 과정에 입학했고, 몇 년 후 국제외교사와 동아시아 언어학 박사 과정에 합격하게 되었다. 대학 공부에 필요한 일본어 실력을 갖추기 위해 개인교사를 둘 정도로 공부에 대한 열정은 실로 대단했다. 심지어 공부에 더 집중하기 위해 20년이나 해온 군 생활을 소령으로 마감하기도 했다.

물론 늦깎이 공부는 만만치 않았다. 특히 나이 어린 학생들과의 경쟁은 그녀에게 더 많은 열정과 노력을 요구했다. 그러나 나이를 뛰어넘을 수 있는 건 오로지 노력뿐이었다. 이에 그녀는 식사시간에도 책을 놓지 않았고 화장실을 갈 때도 책과 씨름했다. 공부하다 지쳐 쓰러질 때가 되어야 비로소 잠을 잤다. 그리고 그런 노력은 결코 헛되지 않았다. 마침내 하버드대 대학원 국제외교사와 동아시아 언어학과에서 박사 학위를 취득하게 된 것이다. 어린 시절 여자라는 이유만으로 구박과 설움을 받으며 열등감에 사로잡혔지만, 자신을 옭아매고 있는 것들을 과감히 떨쳐버리고 희망과 꿈, 그리고 당당함을 잃지 않았던 그녀의 꿈이 마침내 실현된 것이다.

삶에 당당하게 맞서라,
그리고 자기 안의 위대한 거인과 만나라

"남자는 하늘이고, 여자는 땅이야. 감히 여자가 어딜 나서려고 해!"

서진규는 어머니로부터 이 소리를 귀에 못이 박힐 정도로 많이 들으며 자랐다. 어머니 자신도 여자이면서 왜 그렇게 여자라는 존재에 대해 부정하는지 그녀는 어머니를 이해할 수 없었다. 하지만 그런 어머니 밑에서 자랐기 때문에 그녀 역시 한때는 여자로 태어난 것을 원망하기도 했다. 자기 스스로도 여자로 태어난 게 죄악이고, 여자는 남자를 위해 희생하는 게 당연한 게 아닌가, 라는 생각을 하기도 했다. 하지만 그런 생각이 되풀이될 때마다 여자라는 열등감에 사로잡혔고 자존감마저 무너지기도 했다. 어쩌면 그녀는 그런 열등감 때문에 그것을 극복하기 위해 군대에 도전했는지도 모른다.

주위를 둘러보면 열등감에 사로잡혀 전진하지 못하고 인생과 시간을 낭비하며 사는 사람들이 의외로 많다. 그 열등감이라는 것이 서진규의 경우처럼 타인이나 외부 환경에 의해서 찾아오는 경우도 있고, 원래부터 타고난 나약함에서 오는 경우도 있다. 중요한 것은 누구나 한두 가지쯤 가지고 있는 그런 열등감을 하루라도 빨리 떨쳐 버리고 새롭게 출발해야 한다는 것이다. 서진규의 삶은 그런 점에서 우리에게 많은 귀감이 되고 있다.

열등감이란 족쇄를 풀고 미래를 향해 나가라

열등감에 사로잡혀 있는 사람들은 자신에게 불리하거나 힘든 순간이 찾아오면 다음과 같이 생각하는 버릇이 있다. 그들은 삶에 당당히 맞서거나 극복하려고 하기 보다는 그 상황에 쉽게 굴복하거나 회피하려만고 한다.

▶ 이렇게 어려운 문제가 왜 하필 나한테 주어진 거야. 죽어도 나는 이 문제를 해결할 수 없어.

▶ 아무리 열심히 준비하면 뭘 해! 면접관들이 내 얼굴을 보자마자 고개를 내저을 텐데.

▶ 미팅을 나가 봤자 늘 퇴짜를 맞는데 뭣 하러 나가. 여자(남자)들이 이렇게 못생긴 나를 좋아할 리 없어.

▶ 밤새도록 제안서를 준비하면 뭐해. 어차피 잘나가는 김부장의 제안서가 채택될 건데.

▶ 김대리는 나와 같이 외근 나가는 걸 싫어할 거야. 아마 나보다 더 멋진 최과장이랑 다니는 걸 더 좋아할 거야.

▶ 왜 나만 이럴까. 나는 아무리 발버둥 쳐도 안돼. 콤플렉스 때문에 내 인생이 망가졌어.

만일 이렇게 생각한다면 당신은 생각의 함정에 빠져 있는 것이다. 앞서 말했듯 보기에 똑똑하고 예쁘고 멋지고 당당한 사람이라고 생각되는 사람이라도 분명 한두 개쯤은 열등감 내지 콤플렉스가 있기 마련이다. 그런데 왜 누구는 그런 열등감을 극복하고 누구는 그렇지 못한 것일까.

미모면 미모, 몸매면 몸매, 학벌이면 학벌, 뭐하나 빠질 것 없이 완벽할 것 같은 배우 김태희는 한 언론과의 인터뷰에서 이렇게 말한 적이 있다.

"저는 얼굴에 비해 치아가 크고 살짝 돌출되어 있어요. 그게 저의 콤플렉스예요."

사람들은 그런 그녀의 말을 두고 '망언'이라는 표현으로 시기하고 부러워하지만, 그 콤플렉스가 그녀에게는 실제로 마주하고 싶지 않은 단점임을 쉽게 인정하지 않는다.

심리학자 맥스웰 몰츠에 의하면, 세상 사람들 중 95%는 열등감을 갖고 살아간다고 한다. 이처럼 열등감이란 누구에게나 다 존재하는 것이다. 중요한 것은 그것을 받아들이는 마음의 자세다. 콤플렉스를 짐으로 짊어지고 한계로 받아들인다면 그 사람은 열등감의 늪에 빠져 평생 불행한 삶을 살게 될 것이며, 결국 행동반경마저 좁게 만들어 꿈과 성공 역시 작아질 수밖에 없다.

서진규 역시 열등감에 사로잡혀 자칫 인생을 망칠 수도 있었다. 그러나 그녀는 달랐다. 그 열등감에 반기를 들었기 때문이다.

'여자가 어때서?'

'내가 부족한 게 뭐가 있어!'

이렇듯 그녀는 자기 안에서 분출되기만을 기다리고 있던 열정과 오기와 도전정신을 흔들어 깨웠다. 열등감이라는 족쇄를 과감히 풀어헤치고 앞으로 나아간 것이다. 결국 모든 것은 의지와 선택의 문제다.

단점과 콤플렉스를 과감하게 공개하라

열등감을 성공의 계기로 삼는 사람들은 의외로 많다. 흑인 최초의 미국 대통령으로 당선되어 전 세계인들에게 희망을 선사한 오바마 대통령 역시 청소년 시절에는 지독한 열등감으로 인해 심각한 질풍노도의 시기를 보냈다. 그는 그때 당시의 괴로운 심정을 자서전에 이렇게 적은 바 있다.

"나는 마약 중독자였고 술고래였다. 그런 사실보다 더 치명적인 고통은 바로 내가 흑인이라는 사실이었다. 나는 단지 객기를 부리기 위해서, 나를 과시하고 싶어서 그런 짓들을 한 게 아니다. 흑인이라는 사실을 잊기 위해, 내 기억들을 흐리게 하여 가슴에 영원한 편안함을 찾기 위해 마약과 술에 의존한 것이다."

오바마는 흑인이라는 열등감으로 인해 자신을 학대하며 정체성을 찾는 데 많은 시간을 보냈다. 하지만 그 열등감은 그를 더욱 독하게 만들었고 꿈에 대한 오기를 자극시켰다. 그리고 마침내 최초의 흑인 미국 대통령이 되었다.

르네상스 시대 천재 화가로 꼽히는 레오나르도 다빈치와 시각주의 예술운동의 선구자이자 영화감독인 앤디 워홀 역시 치명적인 콤플렉스와 열등감을 가지고 있었다. 두 사람은 글을 원활하게 읽지 못하거나, 철자를 인지하지 못하는 학습장애 증상인 난독증을 앓았다. 하지만 그들에게 있어 그런 열등감은 오히려 다른 감각과 감수성을 자극했고 불후의 예술가가 될 수 있도록 만들었다.

이렇듯 열등감을 부정적으로 받아들인다면 그것은 꿈과 열정을 갉아먹고, 나아가 마음의 안정과 균형을 깨뜨릴 뿐만 아니라 미래까지도

저당 잡히고 말 것이다. 그러나 그것을 잘만 활용하면 자기 안의 위대한 거인을 발견하는 계기가 될 수도 있다.

단점이나 콤플렉스가 있다면 그것을 숨기려고만 급급하지 말고 오히려 그것에 당당하게 맞서라. 당신이 생각하는 것보다 사람들은 당신을 못났다고 생각하지 않는다. 오히려 당신 자신이 당신 스스로를 다른 사람들보다 더 낮춰보고 있다. 차라리 당신의 단점과 콤플렉스를 세상 사람들에게 과감하게 보여줘라. 그리고 당신이 그런 단점과 콤플렉스에도 불구하고 더 나은 삶을 만들기 위해 노력하고 있다는 사실을 적극 알려라. 그 순간, 당신의 단점과 콤플렉스는 더 이상 감추고 싶은 비밀이 아닌 장점이 되고, 나아가 강인함의 원천이 될 것이다.

열등감에 대처하는 법

오스트리아의 심리학자인 알프레드 아들러는 그의 저서 《인간 이해》에서 열등감에 대해서 이렇게 말한 바 있다.

"열등감은 삶의 목표를 세우게 하고 그 목표가 구체화되도록 도와준다. 사람은 이미 태어날 때부터 관심을 받고 싶어 하며, 어떻게든 부모와 주위 사람들의 주의를 끌려고 노력한다. 이 같은 인정 욕구는 열등감의 영향 속에서 발전해가며, 주위 환경보다 더 우월해 보이는 목표를 설정하도록 유도한다."

열등감 100배 활용법

열등감이 삶에 부정적인 영향만 미치는 게 아니다. 그것을 적절하게 활용하고 극복하면 기대 이상의 효과를 볼 수도 있다. 문제는 열등감을 직시하고 그 열등감에 맞설 수 있느냐 하는 것이다.

우리는 주변에서 신체적 장애를 가진 사람을 쉽게 접할 수 있다. 그런데 그들을 잘 관찰해 보면 신체의 어느 한 부분이 장애가 있을 경우 다른 부분은 더 잘 발달된다는 사실을 알 수 있다. 예를 들면, 앞을 보지 못하는 사람은 청각이나 촉각이 대단히 발달해 있고, 다리를 쓰지 못하는 사람은 팔의 힘이 무척 강하다. 반대로 겉으로 보기에는 완벽한 사람인 듯해도 다른 사람은 인지하지 못하는 단점을 가진 경우 역시 많다. 어렸을 때부터 신동 소리를 들으며 공부만 잘하는 아이는 성인이 되었을 때 대인관계 능력이 떨어져 극심한 외로움에 시달릴 수 있다. 또한 집안이 풍족해 어려움 없이 자란 아이는 인생을 스스로 개척해 나가는 능력이 발달하지 못해 어느 순간부터 인생이 흘러가는 대로 살 수 있다. 당신은 어떠한가? 만약 당신에게 뭔가 부족한 점이 있다면, 그것을 반대로 생각해보라. 그 부족을 것을 대신할 수 있는 것은 무엇인가 하고 말이다.

인간은 수많은 잠재적인 능력을 가지고 있다. 그런데 그 능력은 알아서 발현되는 것이 아니라 우리 스스로가 일깨우고 단련시켜야만 우리 것이 될 수 있다.

부족한 것은 부족한대로 그냥 내버려두는 것이 좋다. 대신 그 부족한 것을 채우고도 남을 새로운 것을 찾는데 집중해야 한다.

08

노르웨이 라면왕, 이철호

꿈을 그리는 사람은
결국 그 꿈을 닮아간다

자신의 시간을 잘 사용하는 것은

일이든 일 이외의 활동이든

우리 생활의 모든 것을 잘해내는 것을 의미한다.

이는 매우 어려운 일이지만

하고자 하는 마음만 먹으면 못할 것도 없다.

_메리 E. 놀턴

"너무 먼 길을 보지 말고 가까운 길을 먼저 보라"

"도대체 아이들이 왜 안 오는 거야."

수업이 이미 시작되었는데도 불구하고, 아이들은 채 반도 오지 않았다. 30년 동안 교사 생활을 해왔지만 아이들이 단체로 결석하는 것은 이번이 처음이었다.

선생님은 깊은 한숨만 내쉬었다. 별의별 생각이 다 들었다. 혹시나 아이들에게 무슨 일이라도 생긴 건 아닌가 싶다가도, 이놈들이 공부하기 싫어서 단체로 시위를 하는 건 아닐까, 라는 생각이 들기도 했다.

"반장, 너 혹시 아이들이 왜 학교에 안 나오는지 알고 있니?"

선생님의 물음에 반장이 자리에서 일어났다. 그러나 반장도 그 이유를 잘 모르는 눈치였다.

그때 가장 뒷자리에 앉아 있던 학생이 쭈뼛거리며 일어났다.

“선생님, 제가 알아요. 아이들이 왜 학교에 안 나왔는지 전 알아요.”

“그래? 어서 말해보렴. 도대체 이 녀석들이 왜 학교에 안 오는 건지.”

학생은 창피하다는 듯 머리를 긁적거리며 말했다.

“오늘 시내에 있는 백화점이 개업하잖아요.”

“백화점이 개업한다고? 그게 아이들이 학교에 안 오는 거랑 무슨 상관이 있나?”

“백화점 개업 기념으로 라면 시식 행사가 열리거든요. 그곳에 ‘라면왕’이 온단 말이에요.”

“뭐, 라면왕이?”

그제야 선생님도 놀라운 표정을 지었다. 그리고 잠시 후 조금은 누그러진 목소리로 이렇게 말했다.

“그, 그래도 그렇지. 하여간 녀석들 하곤.”

사실 선생님도 수업만 아니라면 아이들과 마찬가지로 당장 백화점으로 달려가고 싶었다. ‘라면왕’이 온다고 하지 않는가.

다음 날, 노르웨이 북부 작은 도시의 지방신문에는 학생들의 무단결석에 관한 기사가 실렸다. 백화점 개업에 맞춰 라면 시식 행사를 개최하기 위해 방문한 라면왕 이철호를 보기 위해 학생들이 학교에 가지 않았다는 내용이었다. 기사는 학생뿐만 아니라 시민들 역시 이철호를 보기 위해 인산인해를 이뤘다고 했다.

그날 이철호는 금발의 미녀들과 함께 등장해 라면을 직접 끓여 시민들에게 나눠주었다. 사람들은 그가 끓인 라면 맛을 보기 위해 길게 줄을 섰고, 이내 행사장은 그에게 사인을 받으려는 사람들과 '미스터리'를 연호하는 사람들로 가득 찼다.

그렇다면 노르웨이 사람들은 왜 고작 라면장사에 불과한 이철호에 열광하는 것일까. 또 그는 어떻게 해서 노르웨이에서 영웅이 되었을까.

이철호는 노르웨이에서 라면왕으로 통한다. 그래서 이런 말도 있다. 노르웨이에는 두 명의 왕이 있는데, 한 명은 노르웨이의 국왕이고, 나머지 한 명은 바로 라면왕 이철호이다.

노르웨이 최초의 한국인

이철호가 노르웨이에서 라면왕의 자리에 오르기까지는 참으로 우여곡절이 많았다.

그는 1937년 2월 충남 천안에서 오형제 중 셋째로 태어났다. 그러나 한국전쟁 발발 후 가족과 헤어지게 되었다. 그때 그의 나이 열네 살이었다.

그때부터 그는 먹고살기 위해 구두닦이며, 밀짚모자 장사, 냉차 장사 등 온갖 궂은일을 모두 경험했다. 하지만 생각처럼 장사가 잘 되지 않았다. 이에 하루 종일 배를 곯는 건 예사였고 별을 바라보며 한뎃잠을 자는 일이 부지기수였다.

'앞으로 어떻게 살지?'

그는 앞날이 막막했고 두려웠다. 심지어 며칠 동안 한 끼도 못 먹는 상황이 반복되었다. 밥 한 공기라도, 빵 한 조각이라도 얻어먹을 수만 있다면 무슨 일이든 다 할 수 있을 것 같았다. 이에 미군 부대 주위를 전전하며 미군이 던져주는 초콜릿이나 비스킷으로 연명하기도 했다.

그러던 어느 날, 그는 임진강을 건너다가 그만 물살에 휩쓸리고 말았다. 목숨을 잃을 수도 있는 위험천만한 상황이었다. 하지만 때마침 근처에 있던 미군 병사가 발견하여 겨우 목숨을 건질 수 있었다. 그것이 인연이 되어 그는 미군 부대에 들어가게 되었다.

그곳에서 그는 미군들의 군화를 닦아주고 잔심부름과 식당 청소 등을 하며 지냈다. 다행히 미군들은 성실하고 늘 활짝 웃는 그를 귀여워했다. 무엇보다도 하루 세 끼 밥을 모두 챙겨먹을 수 있어서 다행이었다. 하지만 행복은 그리 오래 가지 않았다. 어느 날, 부대를 따라 강원도 속초를 가게 되었는데 거기서 끔찍한 사고를 당하고 만 것이다. 그는 날아온 포탄 파편에 맞아 오른쪽 옆구리와 다리에 심한 상처를 입었다. 미군은 그를 급히 야전 병원으로 옮겼다. 그런데 군의관의 표정이 좋지 않았다. 생존 가능성이 거의 없었기 때문이다. 군의관은 그가 오늘 밤을 넘기기 힘들 것이라고 진단을 내렸다.

그런데 다음 날, 기적이 일어났다. 그때까지 그의 생명줄이 붙어 있었던 것이다. 거기에 한 가지 행운이 더 겹쳤다. 그를 치료했던 군의관이 고국 노르웨이로 돌아가면서 그를 데리고 가기로 한 것이다. 그렇게 해서 이철호는 72시간의 비행 끝에 낯선 나라 노르웨이에 도착하게 되었다. 이로 인해 그는 노르웨이 최초의 한국인이 되었다.

그는 그곳에서 본격적인 치료를 받았다. 그리고 7년이라는 세월동안 수십 차례의 수술 끝에 겨우 다시 일어설 수 있게 되었다. 다리를 조금 절긴

했지만 그건 감수해야 했다. 다시 숨을 쉬며 살 수 있다는 것만으로도 너무도 가슴 벅찬 일이었다.

절박해야 살아남는다

그는 구두닦이 일을 시작했다. 구두닦이가 없는 노르웨이에서 구두닦이를 하면 크게 성공할 것이라는 확신이 들었기 때문이다. 그러나 그 일조차도 결코 쉽지 않았다. 노르웨이에서는 구두닦이를 하려면 면허증이 있어야 했다. 문제는 그가 노르웨이어를 전혀 모른다는 것이었다. 그러니 면허증을 따려야 딸 수가 없었다.

그는 면허증을 받기 위해 공부를 시작했다. 낮에는 화장실 청소, 접시닦이 등의 일을 했고 밤에는 중학교를 다녔다. 수입이 시원찮은 날은 한 끼도 먹지 못하고 하루를 보내는 날도 있었다. 그나마 식당일 보조를 했을 때는 음식을 얻어먹을 수 있었다. 물론 제대로 된 식사는 아니었다. 주방장이 실수로 태운 음식이나 손님에게 내놓을 수 없는 음식을 얻어먹었다. 어떤 날은 유통기한이 지난 빵을 물에 불려 겨우 한 끼를 해결하기도 했다. 힘들고 고달픈 나날이었지만 그래도 공부를 게을리 하진 않았다. 공부만이 그의 삶을 바꿀 수 있는 유일한 희망이었기 때문이다. 그 결과, 2년 만에 중고등학교 과정을 무사히 마칠 수 있었다.

그 후 그는 구두닦이가 되는 걸 포기하고 요리사가 되기로 마음을 고쳐먹었다.

'그래, 구두닦이보다는 요리사가 되는 게 더 좋겠어. 요리사가 되면 평생

굶는 일은 없을 테니까.'

4년제 요리전문학교에 입학한 그는 본격적으로 요리를 배웠다. 그의 성실함과 열정은 타의 추종을 불허했다. 가장 먼저 학교에 나가고 가장 늦게 돌아갔다. 또 요리사의 행동 하나하나를 꼼꼼히 체크하고 말 한 마디도 놓치지 않으려고 집중에 집중을 거듭했다.

요리사는 그의 적극적인 태도와 마음가짐에 감동했다. 이에 다른 학생들에게 다음과 같이 말하기도 했다.

"학생들, 제 말 잘 들으세요. 요리는 단지 손으로만 하는 게 아닙니다. 중요한 건 마음가짐입니다. 최고의 요리를 만들겠다는 마음과 그 마음을 가능하게 만드는 열정, 그 두 가지가 있어야 합니다. 제가 보기엔 미스터리가 그 두 가지를 모두 가진 것 같습니다. 여러분들도 미스터리처럼 해주길 바랍니다."

얼마 후 그는 매우 우수한 성적으로 학교를 졸업했고 프랑스 유학이라는 보너스 혜택까지 얻게 되었다. 그러나 문제가 있었다. 프랑스어를 전혀 못한다는 것이었다. 이에 프랑스어를 배우기 위해 스위스로 어학연수를 떠났다. 그리고 고급호텔 식당에서 아르바이트를 하며 프랑스어를 배웠다. 이때도 그는 다른 아르바이트생들과 달리 다른 사람을 먼저 배려하고 가장 늦게까지 일을 했다. 또 주방장이 요리하게 편하게 각 요리에 필요한 감자의 종류를 분류하여 전달했다. 접시를 닦을 때도 다른 사람이 열 개를 닦으면 스무 개를 닦았다. 이에 그의 감각과 성실함을 높이 산 주방장은 그가 본격적으로 주방에서 일할 수 있도록 배려해주었다.

"내 밑에서 한 번 배워보겠나?"

주방장의 제안에 그는 잠시 망설였다. 프랑스 유학을 할 것인지, 아니면 고급호텔에서 실무 경험을 쌓을 것인지. 결국 그는 후자를 택했다. 단, 하루라도 빨리 요리를 하고 싶었고, 성공하고 싶었기 때문이다. 그때부터 그는 하루라도 빨리 요리를 배우기 위해 코피를 쏟아가며 일했다. 그에게는 매 순간이 절박했다. 특히 의지할 곳 하나 없는 타국에서 성공하기 위해선 모든 것을 다 바칠 수밖에 없었다.

몇 년 후 노르웨이 고급호텔에서 그에게 스카우트 제의가 들어왔다. 이에 그는 제2의 조국인 노르웨이로 다시 돌아오게 되었다. 전쟁 통에 가족을 잃고 미군 부대를 전전하다가 사고로 인해 혈혈단신으로 노르웨이에 온 소년, 구두닦이를 해서 성공을 하겠다는 꿈을 가진 소년이 가난과 그리움의 시간을 넘어 마침내 고급호텔의 요리사가 된 것이다.

'내가 지금 꿈을 꾸고 있는 건 아니겠지?'

요리를 하다가도 문득, 자신이 살아왔던 지난날을 회상하며 눈물을 왈칵 쏟기도 했다.

나만의 브랜드를 만들다

한창 성공 가도를 달리고 있던 그는 1972년, 갑자기 한국행 비행기에 몸을 실었다. 고국이 그리웠다. 고국의 아침, 고국의 냄새, 고국의 말 그리고 고향과 친구들. 모든 것이 다 가슴 시리도록 눈에 아른거렸다.

다시 찾은 고국은 그야말로 아름다웠고 포근했다. 그는 오랜만에 고향에 내려가 그리운 사람들을 만나고 즐거운 시간을 보냈다. 그리고 어느 한 적한 거리에서 아주 색다른 맛을 경험하게 되었다. 바로 라면이었다. 허기를 달랠 겸 뒷골목의 허름한 분식집에서 라면이라는 걸 시켜 먹었는데 그 맛을 본 순간, 머릿속에서 불꽃이 일었다.

'세상에 이런 맛이 다 있구나!'

그는 온몸에 전율을 느꼈다. 이제까지 맛보지 못했던 새로운 맛이며 입에서 착착 달라붙는 것이 아주 기가 막혔다.

"아주머니, 한 그릇 더 주세요."

중독성 있는 맛이었다.

노르웨이로 돌아온 그는 다시 일상으로 돌아와 요리에 푹 빠져 지냈다. 20년 가까이 요리사의 삶을 살면서 요리사협회에서 주는 '최고의 요리상'도 수상했고 국가의 중대한 모임 자리에 출장 뷔페를 나가기도 했다.

생활은 안정적이고 평온했다. 그러나 마음 한편으로는 뭔가 허전했다. 평생을 두고 열정을 쏟을 만한 자신만의 사업을 갖고 싶었다. 즉, 자신만의 브랜드를 만들고 싶었던 것이다. 이에 자신의 이름을 내건 식당을 차릴까, 라며 심각하게 고민하기도 했다. 그때 문득 머릿속에서 한국에서 먹었던 라면이 떠올랐다.

'아, 그래. 라면이 있었지. 그거라면 내 모든 것을 걸 수 있을 것 같아.'

그렇게 해서 그는 본격적으로 라면 사업에 뛰어들었다. 라면의 그 환상적인 맛을 노르웨이 사람들에게 꼭 소개해주고 싶었다. 그건 요리사로서의 사명감에 가까웠다.

한국에서 라면 세 박스를 들여온 그는 정성스럽게 요리를 만들어 노르웨이 사람들에게 선보였다. 그리고 잔뜩 기대에 부푼 표정으로 라면을 먹는 사람들을 쳐다보았다. 내시 최고의 맛이라는 찬사를 기대했다. 그러나 곧 그 기대는 무너지고 말았다.

"이건 음식이 아니라 걸레 같네요."

"우웩, 이렇게 맵고 짠 걸 누가 먹어요?"

사람들의 예기치 않은 반응에 그는 당황스럽기도 하고 요리사로서의 자존심에도 큰 상처를 입었다. 그러나 분명 배운 게 있었다. 그건 바로 한국 사람과 노르웨이 사람들의 입맛이 다르다는 것이었다. 어찌 보면 당연한 것인데도 그는 그 사실을 간과하고 있었다.

그 날 이후 그는 노르웨이 사람들의 입맛에 맞는 스프 개발에 온 열정을 다 쏟았다. 책을 보고 따라해 보기도 했고, 선배 요리사들에게 자문을 구하기도 했다. 심지어 각국을 돌아다니며 그 나라만의 전통 소스를 만들어 내는 비법을 알아내는 것 역시 마다하지 않았다. 심지어 한국 라면 회사의 연구소까지 방문했다. 그런 와중에도 수시로 시식회를 열어 사람들의 반응을 살폈다.

"이 맛은 좀 어때요?"

"지난번보다는 좀 나은 것 같습니다. 그렇지만 아직도 뭔가 부족해요."

최고라는 찬사를 듣기 위해 그는 하루 종일 라면에 파묻혀 살았다. 하루 세 끼뿐만 아니라 간식이나 야식 역시 라면으로 대신했다.

"이번에는 어떠세요?"

사람들의 얼굴 표정이 한결 밝아졌다.

"맛있어요. 정말로 맛있어요."

오랜 연구와 시행착오 끝에 마침내 노르웨이 사람들이 좋아하는 소스의 비밀을 밝혀낸 것이다. 기존 스프에서 매운 맛을 빼고 기름진 맛을 더한 후 자신이 개발한 소스를 첨가한 결과였다.

먼 길보다는 가까운 길을 먼저 보라

그는 새롭게 개발한 라면으로 시식회를 열었다. 사람들은 후루루 소리를 내며 순식간에 라면 한 그릇을 비웠다. 그리고 하나같이 다음과 같이 말했다.

"맛있어요. 우리 입맛에 딱 맞아요."

이 정도면 성공할 수 있을 거라는 확신이 들었다. 이에 한국 라면 회사와 계약을 통해 라면을 공급받기로 했다. 물론 스프는 자신이 개발한 스프를 따로 사용하기로 했다. 라면 포장지 역시 직접 디자인했다. 자신의 얼굴을 넣었고, 라면 이름은 '미스터리'라고 지었다.

'마침내 나만의 브랜드를 만들었구나.'

'미스터리'를 출시 후 반응은 예상을 훌쩍 뛰어넘었다. 그는 이참에 라면 하면 '미스터리'라는 공식을 만들고자 홍보에 집중했다. 이에 수익 중 필요한 경비를 제외하고는 모두 홍보비로 쏟아 부었다. 또한 신문 광고는 물론 TV CF에도 직접 출연했다. 전국을 돌아다니며 시식 행사도 자주 열었다.

그 결과, 그의 라면은 곧 노르웨이 사람들의 입맛을 사로잡았다. 일본 라

면이 있었지만 게임이 안 되는 상황이었다. 미스터리의 라면 시장 점유율
은 약80%에 달했다.

지금도 미스터리 라면은 여전히 잘 팔리고 있다. 그래서 노르웨이 어디
에서나 그의 얼굴이 그려진 라면을 쉽게 접할 수 있다.

노르웨이 사람들은 오늘도 슈퍼마켓에 들어오자마자 주인에게 이렇게
말한다.

"미스터리, 하나 주세요."

그는 한 언론과의 인터뷰에서 자신의 성공 비결에 대해서 이렇게 말한
바 있다.

"꿈을 이루기 위해서는 일단 좋은 꿈을 가져야 합니다. 그 다음은 꾸준
한 노력 외에는 다른 게 없습니다. 너무 먼 길을 보려고 하지 말고 가까운
길을 먼저 보세요. 한 걸음씩 노력하고 도전하다 보면 누구나, 무슨 일이든
다 이뤄낼 수 있습니다."

어떤 사람은 그가 운이 좋아서 성공했다고 말하기도 한다. 하지만 그의
성공에 있어 운은 극히 일부에 지나지 않았다. 그보다는 힘들어도 지치지
않고, 항상 끊임없이 시도하는 도전정신과 힘겨운 상황 속에서도 늘 웃음
을 잃지 않았던 긍정의 정신이 있었기에 노르웨이 라면왕이자 국민적인
스타가 될 수 있었다.

누구도 무시할 수 없는
나만의 무기를 만들어라

'코카콜라'라를 모르는 사람은 아마 없을 것이다. 문명의 혜택을 받지 못한 아프리카 오지 사람들이나 아마존 숲의 원주민을 제외하고는 이 세상 모든 사람들이 코카콜라를 알고 있다. 음료 브랜드 중에 단연 1등이기 때문이다.

100년의 역사를 넘긴 코카콜라는 그 브랜드 가치만 해도 무려 80조 원에 이른다. '나이키'라는 브랜드 역시 마찬가지다. 스포츠 용품하면 가장 먼저 떠오르는 이름이 바로 나이키이기 때문이다. 이렇듯 아무리 세월이 흘러 세상이 변해도 사람들의 뇌리 속에서 잊히지 않고 기억되는 것이 바로 브랜드이다.

브랜드의 힘은 강하다. 그런 면에서 '미스터리'라는 브랜드를 가진 이철호의 라면 역시 노르웨이에서는 코카콜라나 나이키와 맞먹는 브랜드 파워를 가지고 있다고 있다고 할 수 있다. 얼마나 그 브랜드가 대단하면 노르웨이에는 두 명의 왕이 존재한다고까지 했겠는가. 라면 브랜드 '미스터리'는 노르웨이 라면 시장의 80%를 휩쓸고 있으며, 그의 성공 신화는 초등학교와 중학교 교과서에도 소개될 정도다. 이에 그가 만든 '미스터리' 라면은 노르웨이가 망하지 않는 한 영원할 것이다.

브랜드는 한 번 사람들의 머릿속에 각인되면 웬만해서는 쉽게 지워지지 않는다. 사람보다, 문화보다 더 질긴 생명력을 가진 것이 브랜드이기 때문이다.

상품에만 브랜드가 유용한 것은 아니다. 이는 개인에게도 적용된다. 특히 요즘 같은 개인의 능력이나 재능이 곧 브랜드가 되는 세상에서는 더욱더 그렇다. 그렇다면 개인 브랜드의 가치를 높이기 위해선 무엇이 필요할까. 바로 차별화와 경쟁력이다.

살아남으려면 나만의 경쟁력을 키워야 한다

남들과 똑같은 방식, 언젠가는 잘 될 거야라는 막연한 기대감만으로는 결코 남들보다 우위에 설 수 없다. 살아남기 위해서는 현실에서 실제로 발휘될 수 있는 나만의 경쟁력을 키워야 한다. 다른 사람들과 차별화된 능력, 자신의 장점을 특화한 능력을 발전시켜 개인 브랜드를 구축하지 못하면 취업은커녕 살아남는 것조차 힘겨워질 수 있다. 특히 요즘 같은 시대에는 취업을 하기도 힘들지만 취업 후 직장을 잘 다니는 것 역시 만만치 않다. 또 어렵게 들어간 직장이 평생을 보장해주는 것도 아니다. 정년은 갈수록 짧아지고 있고, 정해진 기간 내에 승진하지 못하면 자발적으로 또는 강압적으로 회사에서 떠나야 하는 것이 현실이다. 45세가 정년이라는 뜻의 '사오정', 56세까지 회사에 남아 있으면 도둑이라는 뜻의 '오륙도'라는 말이 괜히 생긴 것이 아니다. 때문에 취업을 한 후에도 자기계발을 게을리 해서는 안 된다. 자기 사업을 하더라도 마찬가지다. 끊임없이 자신을 갈고 닦지 않으면 살아남을 수 없는 게 현실이다.

명품은 하루아침에 만들어지는 게 아니다. 오랜 기간 동안 공을 들여야 하고, 끊임없이 자기 변화를 꾀해야 하며, 제대로 관리해야만 비로소 명품 대열에 오를 수 있다. 어디에서든 반짝거리고 필요한 사람이 되기 위해선 다음과 같은 전략을 통해 스스로의 가치와 경쟁력을 높여야 한다.

명품은 하루아침에 만들어지지 않는다

내가 누구인지, 무엇을 원하는지, 무엇을 잘하고, 무엇이 두려운지, 어디에서 왔고, 지금 어디로 흘러가는지, 왜 화가 나고, 무엇을 할 때 기쁘며 행복한지를 먼저 알아야 한다. 다시 말해서 나 자신에 대한 인식과 정체성에 대한 사색이 깊어져야 한다. 물고기가 물에서 살아야 한다는 사실을 잊은 채 육지에서 헤맨다면 어떻게 되겠는가. 자신이 새라는 사실을 잊고 자꾸 바닷물 속으로 들어간다면 어떻게 되겠는가.

나를 제대로 알지 못하면 좋은 기회가 온다고 해도 그 기회를 오랫동안 지속시킬 수 없으며, 위험한 상황이 닥쳐도 슬기롭게 극복할 돌파구를 찾기 힘들다. 반대로 자신을 제대로 알고 있고, 확고한 가치관이 정립되어 있다면 모든 상황에 대한 판단 기준이 만들어져, 무슨 일이든지 명쾌하고 단호하게 결정을 내릴 수 있다.

그렇다면 내 안에 있는 진짜 나를 어떻게 알아볼 것인가. 자기 자신에게 다음과 같은 질문을 던져보며 스스로 답해보도록 하자.

▶ 나만의 강력한 무기는 무엇인가?

▶ 내가 보완해야 할 점은 무엇인가?

▶ 나를 규정짓는 5가지 키워드는 무엇인가?

▶ 내가 좋아하는 것은 무엇인가?

▶ 내가 두려워하는 것은 무엇인가?

▶ 나의 인생관은 무엇인가?

▶ 나의 꿈은 무엇인가?

안철수 의원이 '안철수연구소' 창립 10주년이었던 1995년 돌연 최고 경영자 자리를 다른 사람에게 물려주고 홀연히 미국 유학길에 오른 이유는 무엇일까. 또 애경그룹 장영신 전 회장은 왜 70대 중반의 나이에 중국을 오가며 중국어 배우기에 열정을 쏟고 있는 것일까.

거기에는 그만한 이유가 다 있다. 그들은 끊임없는 배움만이 스스로를 만족시키고, 나아가 최고의 나를 만드는 데 가장 큰 도움이 된다는 사실을 잘 알고 있기 때문이다.

지식과 실력은 마치 근육과 같아서 단련하면 발달하지만 멈추면 비실비실해져서 힘이 빠지게 된다. 목표를 세우고 그것을 이루기 위해선 그에 관련된 정보나 지식을 계속해서 그리고 반복해서 습득해야 한다. 또 아는 것만으로 그치는 게 아니라 창의성 있는 콘텐츠를 스스로 만들어내야 한다. 자신만의 색깔이 담긴 결과물을 낼 때까지 공부와 연습을 반복해야 하는 것이다. 그래야만 비로소 그 누구도 감히 덤빌 수 없는 자신만의 무기, 즉 경쟁력이 생기는 것이다.

나만의 브랜드를 만드는 6가지 방법

자신만의 브랜드를 만드는 것은 결코 쉬운 일이 아니다. 하지만 일반 대중에게 널리 알려지는 브랜드가 아닌, 적어도 자신이 생활하고 일하고 있는 범위 내에서 자신만의 브랜드를 갖는다는 건 얼마든지 가능하다. 그러자면 '무슨 일' 하면 바로 '이 사람' 하면서 자신의 이름이 다른 사람의 입에서 회자될 수 있어야 한다.

그 자신이 어린 시절 불우한 환경에서 어렵게 자랐음에도 끊임없는 노력 끝에 커리어코치 전문가로 거듭난 정철상 교수는 개인 브랜드를 구축할 수 있는 6가지 방법에 대해서 다음과 같이 말하고 있다.

첫째, 자신만의 분야를 선점하는 것이다. 이는 자신이 해보지 않았던 다른 분야에 도전하라는 것이 아니라 이미 자신이 가지고 있는 능력을 바탕으로 해서 다른 분야와 접목시켜 새로운 분야를 창출하라는 것이다. 예를 들면, 문화부 기자가 영화 전문 블로거로 활동한다든지, 책을 만드는 편집자가 독서 전문 카페를 만든다든지 하는 것이 바로 그것이다.

둘째, 자신을 스토리화 하는 것이다. 이는 곧 자신의 이야기를 만드는 것이다. 사람들은 어떤 이론이나 명제는 금방 잊어버리지만 이야기는 쉽게 잊어버리지 않는다. 예를 들면, 라면왕 이철호의 경우처럼 '노르웨이에 간 첫 번째 한국인' 같은 스토리 역시 이철호를 쉽게 기억하게 만드는 하나의 스토리가 된다. 물론 그 이야기가 당신의 능력이나 실력을 빛내줄 수 있는 이야기라면 더욱 좋다.

셋째, 하나의 통합된 이미지를 구축하는 것이다. 브랜드 이미지는 분산되면 효과가 떨어진다. 그러기 위해서는 이철호 하면 라면이 떠오르듯이 '누구' 하면 '무엇'이라고 명확하고 통합된 하나의 이미지가 떠올라야 한다.

넷째, 자신만의 콘텐츠를 구축하는 것이다. 여기서 콘텐츠란 자신을 성공으로 이끌 지식, 기술, 능력, 태도 등을 말한다. 이는 〈생활의 달인〉이란 프로그램을 예로 들면 쉽게 이해할 수 있다. 그 프로에 출연하는 달인들을 보면 각자 자신만의 콘텐츠를 모두 구비하고 있다.

다섯째, 지속적으로 자신을 노출하는 것이다. 겸손이 미덕인 시대는 지났다. 물론 자기 자신에 대해 너무 떠벌리거나 과하게 자랑하면 안 되겠지만, 필요할 때 필요한 만큼 자기 자신에 대해 지속적으로 노출하는 것은 브랜드 구축을 위해 반드시 필요하다.

여섯째, 지지자를 확보하는 것이다. 나 혼자 잘났다고 떠드는 건 아무런 의미도 없을 뿐만 아니라 설득력 역시 없다. 설령 실력이 있다고 하더라도 누군가 그 실력을 인정해주지 않으면 아무 소용이 없다. 따라서 나의 실력을 인정해주고 지지해줄 수 있는 추종자가 반드시 있어야 한다.

세계 최초로 3극 지점과 7대륙 최고봉 등정에 성공한 산악인, 허영호

나를 넘어선 그 순간이
바로 정상이다

아무리 어둡고 험난한 길이라도

나 이전에 누군가는 이 길을 지나갔을 것이고,

아무리 가파른 고갯길이라도

나 이전에 누군가는 이 길을 통과했을 것이다.

아무도 걸어본 적이 없는 길은 없다.

어둡고 험난한 세월에 비슷한 여행을 하는

모든 사람들에게 도움과 위로를 줄 수 있기를.

_ 베드로시안

"미치지 않으면 최고가 될 수 없다"

2007년 새해 첫날, 허영호는 초경량 경비행기 앞에 섰다. 국토종단 1,100km 단독 비행에 도전하기 위해서였다. 하지만 평생 산만 오르던 그였기에 하늘은 낯설고 두렵기만 했다.

마침 그를 취재하러 온 기자가 그를 향해 물었다.

"두렵지 않으세요?"

"물론 두렵습니다. 하지만 실패의 아픔보다 도전의 기쁨이 더 크기 때문에 이 자리에 선 것입니다. 그동안 가장 높은 산에서 하늘을 아주 가까이 봐왔습니다. 그러니 하늘은 곧 산과도 같습니다. 산에 오르듯 하늘을 날 것입니다. 지켜봐주십시오."

"건투를 빌겠습니다."

그는 눈을 감은 채 두 주먹을 불끈 쥐었다. 하지만 막상 비행기에 오를 시간이 되자 발길이 떨어지지 않았다. 괜한 일을 벌이는가 싶기도 했다.

'할 수 있어, 난 할 수 있어.'

그는 흔들리는 마음을 추스르며 스스로에게 성공할 수 있다는 주문을 걸었다.

마침내 비행기의 시동이 걸리고 프로펠러가 돌기 시작했다. 그는 가슴을 부풀리며 숨을 들이마셨다. 그리고 초경량 경비행기 '스트릭 쉐도우'에 올라타 엄지손가락을 번쩍 들어 보인 후 운전대를 잡았다.

잠시 후 비행기는 빠른 속도로 앞을 향해 달려 나가기 시작했다. 그리고 순식간에 하늘로 떠올랐다.

경기도 여주에 있는 이글 비행장의 아침은 그렇게 시작되었다.

비행기는 마치 잔잔한 호수 위에 떠 있는 배처럼 안정적으로 하늘 위를 날았다. 이에 처음에 느꼈던 초조함과 긴장감은 어느새 편안함으로 바뀌었다. 너무도 가슴 벅차고 행복했다. 고도가 점점 높아질수록 산소가 희박해져서 호흡이 가쁘고 머리가 어지러웠지만 참을만했다. 그 동안 수많은 등정을 통해 단련이 되었던 터라 체력적으로도 큰 문제는 없었다.

죽는 순간까지 꿈은 유효하다

어느새 비행기는 경기도 화성을 지나 목적지인 제주도를 향하고 있었다.

'이대로라면 충분히 성공할 수 있겠어. 드디어 어린 시절의 꿈을 이루는 거야.'

그의 마음은 한껏 부풀어 올랐다. 그런데 갑자기 하늘이 어둠으로 뒤덮었다. 그리고 이내 빗방울이 조금씩 떨어지기 시작하더니 몇 분 지나지 않아 굵은 비로 바뀌었다. 처음 겪는 일이라 다소 당황스러웠지만 이내 마음을 가다듬고 침착함을 되찾았다. 마음이 흔들리기 시작하면 도미노처럼 모든 것이 일순간에 와르르 무너진다는 것을 잘 알고 있었기 때문이다.

그는 길게 숨을 들이 마신 후 잡념을 모두 버린 후 오직 목표에만 집중했다. 그때 목적지인 제주에 미리 가서 기다리고 있던 일행들로부터 무전이 왔다.

"대장, 별일 없습니까?"

"네, 괜찮습니다. 지금대로 라면 곧 도착할 것 같습니다. 하지만 비가 내리고 있어 걱정입니다. 조금만 더 기다려주십시오."

하지만 세상일이란 늘 변수가 있고 시련이 있기 마련이다. 갑자기 엔진에서 이상한 소리가 나더니 이내 비행기가 이리저리 흔들리기 시작했다.

'어, 왜 이러지?'

갑자기 닥친 위기상황에 그는 운전대를 꽉 움켜쥐었다. 순간, 일어나지 말아야 할 최악의 상황이 벌어지고 말았다. 엔진이 꺼지고 만 것이다. 곧 비행기는 땅을 향해 곤두박질치기 시작했다. 그러자 죽을지도 모른다는 두려움이 몰려왔다. 그는 두 눈을 지그시 감았다. 지금 그가 할 수 있는 일이라고는 그저 운 좋게 살아남을 수 있도록 신에게 기도하는 것 밖에 없었다.

잠시 후 빠른 속도로 낙하하던 비행기는 '쾅' 하고 바다 위에 떨어졌다. 육지가 아닌 바다로 떨어진 게 그나마 천만다행이었다. 두려움이 엄습했다. 이제 죽는 일만 남은 듯싶었다. 그때 그에게 기적과도 같은 일이 일어났다. 때마침 그곳을 지나가던 액화석유가스 운반선이 그를 발견하고 구조한 것이다. 비행기는 이미 바다 깊숙이 침몰된 뒤였다.

가까스로 구조된 그는 얼마 후 완도 항에 도착했다. 죽을 고비를 넘긴 그는 미리 와서 기다리고 있던 기자들을 향해 이번 비행에 대한 소감을 밝혔다.

"제가 죽지 않고 이렇게 살아 돌아온 이유는 다시 도전하라는 하늘의 뜻일 겁니다. 따라서 저는 살아 있는 한 계속해서 도전할 것입니다. 계속해서 꿈을 꿀 것입니다. 꿈은 먼 옛날의 불꽃놀이가 아닙니다. 죽는 그 순간까지 우리의 꿈은 유효합니다."

그는 사람은 도전 속에서 성숙하고 위대해지는 것이라고 생각했다. 이에 어떤 사람들은 그의 도전이 무모하다고 말하기도 한다. 그러나 그에게 있어 도전은 살아 있음을 증명하는 이유이자, 꿈의 실현이라고 할 수 있다. 도전 없는 삶은 진짜 삶이 아니기 때문이다.

자신과의 싸움에서 승리하다

남극점과 북극점, 에베레스트 등 세계 7대륙 최고봉 정복을 모두 끝낸 허영호의 어린 시절 꿈은 하늘을 나는 조종사가 되는 것이었다. 하지만 그 꿈은 고등학교 때 산을 접한 후 단번에 바뀌고 말았다.

고등학교 2학년 때 그는 누나와 함께 충북 제천에 있는 금수산을 오른 적이 있다. 산을 오르는 내내 다리도 아프고 온몸이 쑤셔왔지만 막상 정상에 오르고 나니 신기하게도 아픈 곳이 하나도 없었다. 오히려 산의 정상에 우뚝 선 자신이 자랑스럽고, 손만 뻗으면 닿을 듯한 파란 하늘이 너무도 기분 좋게 만들었다. 이래서 사람들이 등산을 하는구나, 라는 생각이 가슴에 와 닿았다. 그때부터 그는 등산의 매력에 푹 빠지게 되었다. 이에 주말만 되면 산에 올랐다. 친구와 다퉈서 뒤숭숭했던 마음도, 시험에 대한 부담감도, 이성 문제로 인한 갈등도 산에만 오르면 순식간에 해결되었다.

이후 본격적으로 등산을 배워보자는 생각에 그는 지역 산악회에 가입했다. 그리고 산악회 회원 중에 등산용품을 판매하는 선배가 있었는데 하루가 멀다 하고 그의 가게에 놀러갔다. 자신이 생각했던 것보다 등산용품은 그야말로 다양했다. 처음 보는 장비 역시 많았다.

"선배님, 저 이 침낭 좀 빌려주면 안 될까요?"

"그건 왜?"

"보온이 잘 되는지 테스트 한 번 해보려고요. 딱 하루만 빌려주세요."

선배에게 침낭을 빌린 그날 밤, 그는 바람이 쌩쌩 부는 겨울 산에 올라갔다. 침낭 하나만 믿고 야영을 할 참이었다. 하지만 날은 어둡고, 바람은 많이 불고, 배는 고프고, 뭐 하나 만족스럽지 않았다. 콧물이 나고 온몸이 바들바들 떨렸지만 끝까지 버텨냈다. 비록 몸은 고되고 힘들었지만 도전을 무사히 마쳤다는 생각에 가슴 어디에선가 묘한 쾌감이 일었다.

어느 날, 그는 한국산악회에서 마칼루 원정대를 모집한다는 소식을 접했다. 마칼루는 네팔과 티베트 경계에 있는 히말라야 고봉으로 그 높이만 해도 무려 8,463m나 되었다. 이에 '검은 귀신의 산'이라 불릴 만큼 위험천

만한 곳이다.

그가 원정대에 지원하겠다고 하자, 가족들은 모두 펄쩍 뛰며 말리고 나섰다.

"거기가 어딘지 몰라서 그래? 절대 안 된다."

"꼭 도전해보고 싶어요."

"위험하다는 걸 뻔히 아는데 어떻게 너를 그곳에 보내. 안 된다, 꿈도 꾸지마라."

"지금까지 저를 흥분시킬 만한 일은 하나도 없었어요. 등반하는 게 저의 전부예요. 거역할 수 없는 제 인생이 되었단 말이에요."

가족들의 만류에도 불구하고, 그는 그의 가슴이 시키는 일을 택했다. 원정대 자격시험을 통과한 그는 바로 원정대의 일원이 되었다.

1982년 봄, 마칼루 원정대는 네팔에 도착했다. 그의 탐험 인생의 서막이 오르는 순간이었다. 그는 베이스캠프와 전진캠프를 오가며 부지런히 짐을 날랐다. 그는 잠시도 쉬지 않고 몸을 바삐 움직였다. 강인한 체력만이 자신을 지켜줄 것이라는 믿음 때문이었다.

며칠 후 마침내 정상 등반이 시작되었다. 대원들은 한 걸음 한 걸음 힘차게 발을 내디뎠다. 하지만 얼마 되지 않아 대원들의 체력이 급격하게 떨어지고 말았다. 고산 증세로 인해 탈진을 하는 사람이 있는가 하면 구토를 하며 괴로워하는 사람도 있었다. 그러나 그만은 예외였다. 그러자 대장은 깊은 고민에 빠졌다.

'이 일을 어떡하지? 이대로는 안 되겠는데…….'

대원들의 상태를 봐서는 계속해서 등반한다는 게 무리였다. 자칫 강행했다가는 불상사를 당할 수도 있기 때문이었다. 이에 대장은 할 수 없이 철수를 결정했다. 그러자 그는 이에 반발하고 나섰다. 혼자서 라도 계속 등반을 하겠다며 고집을 피운 것이다.

"대장님, 저 혼자서라도 가겠습니다. 이대로 물러설 순 없습니다."

이에 한참을 고민하던 대장은 입술을 지그시 깨물며 비로소 고개를 끄덕였다.

"그래, 좋다. 정상 공격은 영호가 맡는다. 부디, 성공하길 바란다."

이렇게 해서 그는 대원들의 격려를 받으며 홀로 정상을 향해 떠났다. 하지만 정상은 역시 만만치 않았다. 바람이 어찌나 세차게 부는지 허리케인은 저리 가라였다. 금방이라도 저 깊은 계곡 밑으로 날아갈 것만 같았다.

그는 마치 눈 속에 뿌리를 내리듯 발에 힘을 꽉 준 채 한 걸음 한 걸음 내디뎠다. 산소마스크를 했는데도 숨이 턱 끝까지 차올랐다. 눈에 반사된 햇살 때문에 이미 살갗은 껍질이 다 벗겨진 뒤였다. 문득 두려운 생각이 엄습했다. 자칫, 정신을 놓으면 이대로 죽을 수도 있겠구나, 라는 생각이 저절로 들었다. 하지만 이내 두 눈을 부릅뜨고 다시 이를 악물었다.

'그래, 이건 산과 나의 싸움이 아니야. 나 자신과의 싸움이야. 나 자신을 넘어야 정상에 도달할 수 있어.'

그렇게 해서 그는 9시간 30분의 사투 끝에 마침내 마칼루 정상에 올랐다. 자신과의 싸움에서 이긴 것이다.

산 정상에 태극기를 꽂는 순간, 한 줄기의 눈물이 뺨을 타고 흘러내렸다.

해냈다는 성취감과 그 동안의 일이 주마등처럼 스쳐 지나갔다. 그는 두 번 다시 느낄 수 없는 가슴 벅찬 감동을 느꼈다.

마칼루 등반에 성공한 그는 이후 마나슬루, 투쿠체, 로체샤르 등을 연속 등반하는데 성공했고, 한국인 최초로 에베레스트 동계 등정의 위업을 달성하기에 이르렀다.

실패를 두려워하면 두 번 다시 도전할 수 없다

등반을 하다 보면 아찔한 상황도 빈번하게 발생한다. 그 역시 하산하던 길에 산소가 다 떨어지고, 체력이 바닥나 어쩔 수 없이 8,600m 기슭에서 셰르파와 함께 하룻밤을 보낸 적이 있다.

"괜찮아요?"

"예, 괜찮습니다. 견딜만합니다."

셰르파는 괜찮다고 했지만 사실 괜찮을 리가 없었다. 산소도 부족하고, 살점이 떨어져나갈 듯한 강추위에 괜찮을 사람은 아무도 없었기 때문이다. 그 역시 죽음의 문턱까지 간다는 게 바로 이런 상황을 두고 하는 말이구나, 라는 생각이 저절로 들었다. 그렇게 두 사람은 추위 속에서 하룻밤을 꼬박 새웠다.

다음 날, 그는 셰르파를 보고 깜짝 놀랐다. 셰르파의 몸이 얼음장처럼 싸늘하게 식어 있었기 때문이다.

"이봐, 정신 차려! 정신 차리라니까!"

셰르파를 흔들어 깨웠지만 아무 반응이 없었다.

"이봐, 어서 일어나! 일어나라니까! 하느님, 제발 도와주세요, 제발 좀 깨어나게 해주세요."

그는 울부짖었다. 하지만 셰르파의 몸은 여전히 아무런 반응이 없었다. 그는 셰르파를 있는 힘껏 껴안고 자신의 체온을 전했다. 그렇게 한 시간 가량 사력을 다해 셰르파를 주무르고 온기를 전했다. 그러자 셰르파의 약한 신음 소리가 귓가에 들려왔다. 이에 그는 뜨거운 눈물을 흘리며 셰르파의 얼굴을 만졌다.

"고마워, 정말 고마워. 이렇게 깨어나 줘서 정말 고마워."

기적이 일어난 것이다. 두 사람은 그렇게 죽음의 고비를 넘기고 무사히 귀환할 수 있었다.

1993년 11월, 그는 탐험대를 조직해 남극을 향해 떠났다. 목표는 남극점이었다. 하지만 탐험 첫날부터 날씨가 그들을 도와주지 않았다. 기온이 영하 40도 아래로 떨어진 것이다. 이에 살이 얼어터질 듯한 추위와 맞서 싸워야 했다. 또 강한 눈바람 때문에 눈도 제대로 뜰 수 없었다. 100kg이 넘는 짐을 끌고 걸어야 하는 것도 고된 일이었다. 더군다나 산처럼 경사가 있는 것도 아니고 눈밖에 없는 평탄한 벌판을 하루 종일 걷는 게 여간 지루하고 답답하지 않았다. 오히려 등반을 하는 것보다 더 사람을 지치게 만들었다.

탐험을 시작한 지 일주일째 되는 날, 몸이 아픈 대원들이 하나둘 속출했다. 그렇다고 이대로 되돌아갈 순 없었다. 이에 그는 대원들의 짐까지 모두 떠맡아야 했다.

"조금만 더 힘내자. 우리는 가야만 한다. 우리가 가지 않으면 남극점 또

한 우리에게 오지 않아."

그는 아무도 밟지 않는 눈길에 발자국을 선명하게 내며 전진했다. 그리고 대원들은 그가 찍고 간 발자국을 밟으며 그의 뒤를 따랐다. 한 걸음 한 걸음이 고통의 순간이었고 자기 자신과의 치열한 전투였다. 이제 물러설 수도 없었다. 또한 이 고통을 누가 대신해줄 수도 없었다. 오직 자기 자신만이 감당해야 했다.

그렇게 며칠을 견딘 끝에 드디어 남극점이 보이기 시작했다.

"대장님, 저기 남극점이 보입니다."

"그래, 다들 고생했다. 어서 가자."

그렇게 해서 출발한 지 44일째 되던 날 마침내 남극점에 도달할 수 있었다. 그와 대원들은 서로 부둥켜안으며 환호성을 질렀다.

"우리가 해냈다, 우리가 해냈다고!"

일본의 67일 기록보다 무려 23일이나 앞당긴 그야말로 경이로운 쾌거였다.

미지의 세계에 끊임없이 도전하는 허영호는 오늘도 여전히 도전적인 삶을 살고 있다. 머지않아 경비행기를 타고 독도와 마라도, 가거도를 누빌 계획이다. 그리고 자동차로 세계 일주를 할 계획도 가지고 있다. 도전이 없는 삶은 가짜 삶이라고 피력하는 그는 요즘 사람들에게 이렇게 당부한다.

"인생은 한 번 피하는 행동을 하게 되면 계속해서 피하게 되어 있다. 때문에 실패를 너무 두려워해서는 안 된다. 실패를 벗 삼아 앞으로 나아가는 사람이 되어야 한다. 최선을 다하면 누구나, 언제든지 정상에 갈 수 있다. 따라서 항상 미리 준비하고, 도전하는 습관을 길러야 한다. 사실 인생의 중간 지점에 있는 사람들이 가장 망설이고 고민하는 부분이 바로 도전이다. 뭔가를 시작하고 끝내기에 가장 애매한 자리에 있기 때문이다. 그런 사람들에게 있어 가장 중요한 것은 '할 수 있다'는 마음을 행동으로 옮기는 것이다. 그런 점에서 인생은 등반과 매우 비슷하다. 걷고 또 걷고 걷다 보면 무수히 많은 문이 나오기 때문이다. 그 문을 모두 열어야 한다. 하지만 열정과 노력 없이는 절대 그 문을 열 수 없다. 그럼에도 불구하고, 우리가 해야 할 일은 계속해서 그 문을 두드리는 것이다. '두드리면 열린다'는 말도 있지 않은가. 끊임없이 인생의 문을 두드려야 한다. 그러면 언젠가는 분명 인생이 답을 줄 것이다."

가장 위대한 열정은 끊임없는 도전이다

우리는 성공한 사람들을 보면 흔히 이런 생각들을 하곤 한다. '그들은 성공에 유리한 조건들을 많이 갖췄거나, 운이 매우 좋아서 성공했다'고.

어느 정도는 맞는 말이다. 하지만 결코 그것이 전부는 아니다. 그들이 성공할 수 있었던 이유는 무엇보다도 성공을 위해 수많은 실패를 경험했기 때문이다. 다시 말해서 끊임없는 도전이 지금의 그들을 성공에 이르게 한 것이다.

그들 역시 도전하는 내내 수없이 실패하고, 포기하고자 하는 마음 역시 수차례 들었을 것이다. 그럼에도 불구하고, 이를 악물고 다시 또 도전했기에 성공이라는 달콤한 열매를 얻을 수 있었다. 그렇다. 성공은 멈추지 않는 도전의 산물이다.

도전하지 않는 삶은 인생에서 아무것도 기대할 수 없다. 나아가 도전하지 않는 삶은 죽을 날을 기다리는 삶과 다를 바 없다.

보통 사람들은 도전 과제가 주어지면 한탄하거나 외면하기에 급급하다.

"이건 안 돼. 내 능력 밖이야."

"왜 하필 이런 일이 내게……."

이런 생각은 그나마 남아 있는 열정의 불씨에 찬물을 끼얹는 것과도 같다. 인생은 어차피 도전의 연속이고 시행착오의 반복이다. 도전에 응하지 않으면 스스로에게 죽음을 선고하는 것이나 다름없다.

가장 위대한 열정은 도전이다. 처음 시작할 때는 다소 어려움이 있겠지만 앞으로 나아갈 수 있는 힘을 얻게 된다면 그 힘은 엄청난 위력을 발휘한다.

로저 배니스터라는 육상선수가 있었다. 그는 깡마른 체격의 소유자였지만 스피드와 지구력만큼은 타의 추종을 불허했다. 당시 '인간이 1마일을 4분 미만에 주파하는 건 불가능한 일이다'라는 게 육상계의 오랜 정설이었다. 하지만 배니스터는 3분 59초에 1마일을 주파하며 인간한계의 벽을 무너뜨렸고, 순식간에 세계적인 스타가 되었다. 이에 어떤 신문사는 20세기 스포츠 역사상 가장 위대한 성과라고까지 했다. 하지만 그 뒤에 숨어 있는 그의 열정과 노력을 칭찬하는 사람은 거의 없었다.

배니스터가 인간의 한계라는 기록을 깰 수 있었던 것은 그의 멈추지 않는 도전정신과 그 정신을 밀어붙이는 열정에 있었다. 옥스퍼드 의대생이었던 그는 자신의 몸에 맞는 과학적인 훈련 방법을 스스로 개발해 신체 기능을 극대화했고, 여러 가지 의학적 지식을 바탕으로 스피드를 향상시키고자 최선을 다했다.

이렇듯 우리가 기적이라 부르는 것들은 결코 그냥 만들어지는 것이 아니다. 기적은 그에 따른 열정과 도전, 노력을 토양 삼아 만들어지는 것이기 때문이다.

성공은 멈추지 않은 도전의 산물

지속적인 도전과 새로운 것에 대한 갈망은 열정을 자극하게 한다. 그러나 자기 스스로 그것을 실천으로 옮기지 않으면 열정은 결코 점화되지 않는다. 그런 점에서 스스로 열정을 불러일으킬 수 없다면 주변에서 자극을 받는 것도 좋은 방법이다. 귀감이 될 만한 사람을 모방하거나 경쟁 심리를 이용하는 것도 좋다. 누군가와 경쟁을 하게 되면 자신도 모르게 승부욕이 불타오르기 때문이다.

누구나 이런 경험이 한 번쯤 있었을 것이다. 강연회나 큰 모임에 참석했을 때, 사회자가 사람들의 관심을 끌고 집중시키기 위해 모인 사람들을 서너 그룹으로 나눈 다음 이렇게 말한다.

"제가 오른손을 위로 올리면 큰 함성을 외치세요. 가장 크게 함성을 지른 그룹에게 상을 드리겠습니다."

이렇게 말한 후, 사회자가 첫 번째 그룹을 보고 오른손을 올리면 곧바로 함성이 울려 퍼진다. 그 다음 두 번째 그룹을 향해 오른 손을 올리면 역시 함성이 울려 퍼진다. 이런 식으로 계속 진행되면 함성은 점점 커진다. 결국 마지막 그룹의 함성이 가장 크다. 그 이유는 그룹 사이에 경쟁심이 발동해서 이전 그룹의 함성을 이기고자 더 크게 소리를 지르기 때문이다. 이처럼 사람들의 마음속에는 누군가에게 지지 않으려는 경쟁심이 근본적으로 내재되어 있다. 그래서 누군가와 겨뤄야 하는 상황이 되면 자신도 모르는 사이에 강한 승부욕이 표출되게 된다.

이 점을 잘 활용하면 된다. 삶이 느슨하고, 지루하고, 스스로 판단하기에 열정이 식었다고 생각된다면 자신의 처지를 한탄하지 말고 주위에 눈을 돌리자. 그리고 열정적으로 사는 사람들을 보고, 성공한 사람들이 쓴 책을 읽고, 꿈을 위해 달려가는 사람들을 만나자. 그러면 잠자고 있던 열정이 다시 기지개를 펴게 될 것이다.

SOLUTION 09

가슴이 원하는 일을 하라

강요에 의해서 하는 일은 곧 짜증이 나고 의욕이 떨어진 나머지 금방 지치게 마련이다. 그러나 좋아하는 일을 하게 되면 누가 시키지도 않았는데 쉽게 멈출 수 없다.

뭔가에 도전하려면 일단 그것이 도전할 가치가 있는지, 그리고 정말로 자신이 원하는 일인지를 먼저 따져봐야 한다. 자신이 좋아하는 일이라면 힘든 상황이 닥쳐도 견딜 수 있는 의지와 열정이 생기기 때문이다.

워렌 버핏은 모교인 컬럼비아대학을 방문해 다음과 같은 말을 한 적이 있다.

"성공의 출발점은 돈을 많이 벌어줄 것 같은 일을 선택하기보다는 자신이 좋아하는 일을 하는 데 있습니다. 저는 운 좋게도 좋아하는 일을 일찍 발견할 수 있었고 그로 인해 그 일에 열정을 쏟을 수 있었습니다."

명품 연기로 주목받고 있는 배우 박철민 역시 한 대학의 초청 강연회에서 이렇게 말한 바 있다.

"자신이 가장 좋아하는 것이 무엇인지 찾으세요. 그리고 찾았다면 뒤돌아보지 말고 전진해야 합니다. 진출 분야, 직종, 꿈에 따라 약간의 차이가 있겠지만 저는 지방 출신이라는 이유만으로 차별을 받은 적은 결코 없습니다. 지방에 있기 때문에 정보가 부족한 것이 약점이 될 수도 있지만 그만큼 더 진한 땀과 열정을 더하게 되면 결코 차별을 받지 않기 때문입니다."

누구나 자신이 좋아하는 일에는 시간이 가는 줄 모른다. 하지 말라고 해도 끝까지 한다. 몰입도가 높아지고 신이나기 때문이다. 그러다보니 당연히 열정이 생기고 생기가 돋는다.

좋아하는 일을 하는 것과 부의 축적에 대해 연구한 결과가 있다. 미국 스콜리 블로토닉 연구소는 미국 아이비리그대학 MBA 졸업생 1,500명을 대상으로 다음과 같은 설문조사를 했다.

"당신에게 있어 직업이나 직장 선택의 기준은 과연 무엇입니까?"

그 결과, 응답자의 83%는 '월급이 많고 승진이 빠른 직장'이라고 답했고, 17%는 '하고 싶은 일' 즉, 자신이 좋아하고 소중하다고 생각하는 일을 선택하겠다고 했다.

연구소는 돈과 승진을 기준으로 삼은 이들을 A그룹, 자신이 좋아하는 일을 하겠다는 그룹을 B그룹으로 구분한 다음 20년 후 이들의 재산 상태를 다시 확인해보았다. 그런데 놀라운 결과가 나왔다. 전체 1,500명 중 101명이 백만장자가 되었는데 1명은 A그룹에 속한 사람은 한 명밖에 없었다. 나머지 100명은 B그룹에 속한 사람들이었다. 좋아하는 일을 하는 사람들이 결과 역시 훨씬 더 좋았다는 것이다.

내 안의 열정을 꺼내기 위해서는 진심으로 내가 원하는 일이 뭔지를 알아야 한다. 그것이 취미가 되었건, 직업이 되었건 상관없다. 그것을 찾는 순간, 우리의 가슴은 그 누구보다도 더 뜨거워질 것이기 때문이다.

다치고, 상처받고, 그래도 나는 다시

실리콘밸리의 작은 거인, 김태연

많이 넘어진 사람일수록
쉽게 일어선다

삶은 당신에게 당신이 가지고 있는

모든 힘을 쏟아부을 것을 요구한다.

삶이라는 무대에서

당신이 선택할 수 있는 유일한 길은

오직 한가지뿐이다.

그것은 삶에서 결코 도망하지 않고

열정적으로 사는 것이다.

_다그 하마슐드

"삶에 결코 다음이란 없다"

교실 스피커에서 교장 선생님의 목소리가 새어나왔다.

"전교생들은 지금 강당으로 모두 모여주세요. 아주 귀한 분이 오셔서 여러분에게 좋은 말씀을 해주실 겁니다. 좋은 강연이 될 테니 한 명도 빠지지 말고 강당으로 모이기 바랍니다."

교장 선생님의 말이 끝나자 학생들은 갑자기 웅성거리기 시작했다.

"도대체 누가 온다는 거야?"

"강연회? 아, 따분하고 재미없겠다. 내가 좋아하는 가수나 아이돌 스타가 오면 얼마나 좋을까."

"그러게 말이야."

강당에 모인 학생들은 가지런히 줄을 맞춘 후 자리에 앉아 강연자가 오기를 기다렸다.

　잠시 후 강당 문이 열리고 한 여자가 강단을 향해 당당한 발걸음으로 걸어 나왔다. 학생들의 시선은 일제히 그녀에게 쏟아졌다. 그런데 학생들의 시선은 기대내지 설렘보다는 실망에 가까웠다. 그녀는 할머니에 가까울 정도로 꽤 나이가 많아 보였으며, 얼굴은 짙은 화장으로 덮여 있었고, 키는 150cm가 될까 말까 했다. 내심 기대했던 아이돌 스타와는 사뭇 다른 모습이었다.

　그녀가 단상에 오르자, 스피커에서 애국가 반주가 울려 퍼졌다. 그러더니 그녀와 함께 온 파란 눈의 외국 남자가 반주에 맞춰 애국가를 부르기 시작했다. 그 외국 남자는 애국가 4절까지 정확히 알고 있었다. 애국가 열창이 끝나자, 그녀는 외국 남자를 소개했다.

　"안녕하세요, 저는 김태연입니다. 그리고 이쪽은 제 아들 스캇입니다."

　스캇은 고개를 깊게 숙여 인사를 했다. 그러더니 갑자기 '얍'하고 크게 기합을 넣었다. 순간, 학생들은 깜짝 놀랐다. 그렇게 학생들의 관심이 집중되는 사이 스캇은 함께 온 몇몇 사람들과 분주하게 이리저리 움직였다.

　"도대체 뭐하는 거지?"

　"어, 태권도를 하려나 봐."

　예상대로 스캇과 그의 일행은 태권도 시범을 보였다. 그리고 정권지르기, 이단옆차기와 같은 절도 있는 동작과 다양한 퍼포먼스로 순식간에 학생들의 호응을 이끌어냈다. 멋진 태권도 시범에 학생들은 환호성을 지르며 열광했다.

　태권도 시범이 끝나고 강사로 초빙된 여자가 강단 중앙에 서서 마이크를 잡았다. 그리고 학생들의 우레와 같은 박수 소리와 함께 강연이 시작되었다.

그녀의 강연은 기대 이상이었다. 그녀의 목소리엔 진솔함이 묻어 있었고, 무엇보다도 그녀가 직접 겪었던 지난했던 삶이 학생들의 마음을 울리고 감동시켰다. 그래서인지 그녀의 강연에 감동을 받아 우는 학생들도 더러 있었다.

그렇게 강연이 마무리 되고 질의응답 시간이 이어졌다. 한 여학생이 다소 침울한 표정으로 자신의 고민을 말하며 그녀에게 해결해달라고 부탁했다. 그러자 그녀는 그 여학생을 앞으로 나오라 했다.

"내가 이 송판을 들고 있을 테니까 주먹으로 이 송판을 격파해보렴. 자, 어서."

여학생은 잠시 머뭇거리더니 이내 송판을 향해 주먹을 날렸다. 송판은 산산조각이 났다. 그러자 그녀는 여학생을 안아주며 따뜻한 목소리로 말했다.

"과거의 아픔과 상처는 이제 다 날아갔어. 이제 앞만 보고 달리는 거야. 더 이상 깨진 송판을 부여잡고 울 필요는 없어, 알았지?"

"예, 그럴게요."

그렇게 해서 그녀는 학생들의 열렬한 환송을 받으며 그 자리를 떠났다. 도대체 강연 내용이 무엇이었기에 냉랭했던 학생들의 마음에 불을 지핀 것일까. 나아가 학생들은 왜 이토록 그녀에게 열광하고 존경의 눈빛을 보내게 된 것일까. 그 비밀은 그녀의 열정적인 삶 속에 있다.

여자로 태어났다는 이유만으로

김태연은 현재 미국 캘리포니아 주에 살고 있다. 그녀가 살고 있는 집의 크기는 실로 어마어마하다. 서울 광화문 광장의 20배가 넘은 대저택에 살고 있기 때문이다. 첫 번째 대문에서부터 자동차로 10분을 올라가야 겨우 현관문에 도착할 수 있으며, 한 겨울에도 꽃이 피는 야생화 정원을 비롯해 수영장까지 모든 시설을 갖추고 있다. 사업 역시 나날이 번창 중이다. 그녀가 이끄는 회사는 연간 매출 1억 달러 규모로 미국 내 100대 기업으로 선정된 바 있다. 하지만 그녀가 그 자리에 오기까지는 실로 파란만장한 삶이 녹아있다.

1946년 경북 금릉(지금의 김천)에서 태어난 그녀는 냉대와 멸시의 어린 시절을 보내야 했다. 그녀가 태어나던 날, 집안 전체는 침울함에 휩싸였다. 사내아이가 태어날 줄 알았는데 고추가 없는 계집아이가 태어났기 때문이다. 손자를 오매불망 기다렸던 할아버지는 조상님 볼 면목이 없다며 탄식했고, 할머니 역시 이제 집안이 망했다며 부엌에서 끓이던 미역국을 솥째 마당에 던지고 말았다. 어머니는 그녀에게 제대로 젖 한 번 물려주지 않았다. 어차피 미움을 받을 목숨이었기에 굶어 죽일 작정이었다.

어린 시절 그녀의 어머니는 늘 그녀에게 양잿물을 마시고 같이 죽자는 말을 입버릇처럼 해댔다. 하루하루가 절망과 상처뿐인 숨 막히는 날의 연속이었다.

그러던 어느 날, 희미하게나마 그녀의 가슴을 흔드는 일과 마주하게 되었다. 바로 태권도였다.

그녀가 일곱 살이 되던 해, 우연히 마당에서 태권도를 하는 삼촌을 보게 되었다. 절제된 듯하면서도 날렵하고, 힘이 넘치는 동작이 어찌나 멋지고 아름다운지 그녀는 단번에 태권도의 매력에 빠지고 말았다.

"삼촌, 저한테도 태권도 좀 가르쳐주세요? 저도 삼촌처럼 하고 싶어요."

"계집애가 무슨 태권도야. 괜히 속 썩이지 말고 얌전히 앉아서 구경이나 해."

삼촌의 구박에도 아랑곳하지 않고 그녀는 계속해서 삼촌 주위를 맴돌며 태권도 자세를 흉내 냈다. 이에 보다 못한 삼촌은 결국 그녀에게 태권도를 가르쳐주었고, 어려운 수련 과정 역시 무사히 마치게 되었다. 그제야 삼촌은 고개를 끄덕거리며 그녀를 인정했다. 그녀는 삼촌의 격려에 힘입어 틈만 나면 주먹 지르기와 발차기 연습을 했다. 태권도가 그녀에겐 유일한 희망이었고 삶의 재미이자 탈출구였던 셈이다.

미국으로의 도피, 그러나 노예와 같은 삶

그러던 어느 날, 기억에서 도려내고 싶은 끔찍한 사건이 일어났다. 술 취한 아버지로부터 온몸이 새파랗게 피멍이 들 정도로 손찌검을 당한 것이다. 그것을 본 남동생은 흥분을 참지 못하고 아버지의 멱살을 잡고 주먹다짐을 했다.

"누나 좀 그만 때려요. 이럴 거면 왜 낳았어요!"

남동생의 반항에 아버지는 큰 충격을 받았다. 하지만 그렇다고 달라지는 건 없었다. 아버지는 여전히 술에 취해 있었고 손찌검 역시 멈추지 않았다. 그런데 문제는 남동생이었다. 그는 아버지의 멱살을 잡고 주먹다짐을 했다는 죄책감으로 하루하루를 괴로워했다.

"누나, 나 같은 건 이 세상에 살 이유가 없어. 아니, 그럴 자격도 없어."

"그게 무슨 소리야?"

"세상에 아버지의 멱살을 잡는 후레자식이 어디 있어? 나 같은 건 죽어 버려야 해."

그로부터 며칠 후 남동생은 싸늘한 주검이 되어 발견되었다. 자살을 한 것이다. 너무나도 충격적이고 슬픈 일이었다. 그녀는 아무것도 할 수 없었다. 그 아픈 기억으로부터 탈출하려 했지만 밤마다 악몽을 꾸었다. 그것을 벗어나는 방법은 다른 게 없었다. 그것과 멀어지는 것 밖에. 그 아픔을 벗어나기 위해 그녀는 1968년 도망치듯 미국으로 떠났다. 그리고 2년 후 그 곳에서 만난 미국인과 결혼식을 올렸다. 화목한 집안에서 자라지 못했기 때문에 그녀는 화목한 가정에 대한 갈망이 매우 강했다. 이에 그런 가정을 꾸리기 위해 열심히 노력했다. 하지만 그 노력은 시간이 지날수록 점점 헛수고가 되어 가고 있었다. 그녀는 시집 식구와 함께 살았는데 시어머니와 두 명의 시누이가 드러내놓고 그녀에 대한 인종차별을 했다.

"미개한 나라에서 와서 며느리 대접을 받길 바라니? 넌 집안 청소나 하고 식사 준비나 해. 그게 네가 이 집에 들어온 이유야, 알았어?"

"그래, 옛날로 따지면 넌 노예나 마찬가지야. 저리 가, 냄새 나."

한 마디로 그녀는 식모나 다름없었다. 이에 어두운 방에 쪼그려 앉아 홀로 식은 밥을 먹었다. 집에서 키우는 강아지보다 못한 대접을 받은 것이다. 아이라도 낳으면 좀 괜찮아질까 하고 노력했지만 두 번이나 유산이 되고 말았다. 한 번은 자궁이 약하다는 진단을 받아 유산이 되었고, 또 한 번은 시누이의 폭언으로 충격을 받아 쓰러지는 바람에 유산되고 말았다. 그것뿐만이 아니었다. 교통사고로 목숨을 잃을 뻔도 했고, 자궁에 병이 생겨 식물인간처럼 누워 있었던 적도 있었다.

미국에 오면 아픈 기억으로부터 해방이 될 수 있을 줄 알았는데 한국이나 미국이나 별반 다를 게 없었다. 그녀와 남편은 자주 다퉜고, 결국 그녀의 결혼생활은 마침표를 찍었다.

멈추지 않는 열정의 엔진을 달다

절망의 구렁텅이에 빠진 그녀를 다시 일으켜 세운 건 역시 태권도였다. 흐트러진 몸과 상처 입은 마음을 다잡는 데 태권도만 한 게 없었다.

그녀는 태권도를 수련하며 서서히 망가진 몸과 마음을 회복했다. 그리고 보다 많은 사람들에게 태권도의 좋은 점을 알리고자 태권도장을 차렸다. 허름한 창고 같은 건물의 2층이었다. 하지만 운영하는 게 만만치 않았다. 마을 사람들은 매일 같이 태권도장에 와서 그녀에게 항의를 했다.

"더러운 동양 여자야, 왜 네가 여기에 있어! 당장 꺼져!"

"여긴 미국 땅이야. 감히 네가 뭔데 여기서 주먹질을 하고 발차기를 해. 어서 네 나라로 돌아가!"

심지어 어떤 사람은 쓰레기 더미를 태권도장에 던지기도 했다. 그런 수모를 당하면서도 그녀는 끝내 물러서지 않았다. 거기서 물러나면 더 이상

갈 곳이 없었기 때문이다.

결국 그녀는 정공법을 택했다. 자기를 모욕하는 사람들을 피하지 않고 오히려 그들에게 더 가까이 다가갔다.

"안녕하세요, 좋은 아침입니다."

그녀는 만나는 사람들마다 반갑게 인사를 했고 활짝 웃는 얼굴로 대했다. 그리고 마을 청소는 물론이고 방황하는 청소년들을 따뜻하게 대하고 그들의 고민을 들어주기도 했다. 그러자 조금씩 사람들이 마음의 문을 열기 시작했다.

어느 날, 그녀는 한 고등학교의 교장을 찾아가 무작정 아이들을 가르치고 싶다는 의사를 밝혔다.

"공부에 지친 아이들의 심신을 태권도가 위로해줄 수 있습니다. 또 자신감이 없는 아이들에게는 용기와 도전정신을 심어줄 수 있습니다. 그러니 제발 제가 태권도를 가르칠 수 있도록 해주세요."

그녀의 지속적인 간청에 결국 교장은 두 손을 들고 말았다. 그렇게 해서 그녀는 아이들에게 태권도를 가르칠 수 있었다. 그 후 태권도를 배우고자 하는 아이들의 수는 점점 늘어났고 그녀가 가르친 제자들 중 일부는 세계 대회에 나가 좋은 성적을 거두는 쾌거도 이뤄냈다.

별 문제 없이 태권도장은 잘 굴러갔다. 그런데 일이 잘 풀리다 보면 늘 시기하는 사람들이 있기 마련이다. 제자들 가운데 몇몇이 모의를 해 그녀를 내쫓고 태권도장을 빼앗으려고 했다. 이 사실을 눈치 챈 그녀는 흰 띠 초급자 몇 명을 제외하고 상급자 모두를 제명시키고 말았다. 그러자 그 중 한 명이 그녀에게 매달리며 눈물로 용서를 빌었다.

"스승님, 죄송합니다. 용서해주십시오. 두 번 다시는 이런 일이 없도록 하겠습니다."

제자의 깊은 반성에 그녀는 다시 그를 받아주었다. 그 제자가 바로 스캇이었다.

"스캇, 네가 아무리 못된 짓을 해도 넌 내 제자다."

"감사합니다, 스승님. 이제부터 제가 어머니라고 불러도 될까요?"

그녀는 스캇을 용서했고 양아들로 받아들였다. 그걸 계기로 그녀는 방탕한 생활을 하며 꿈 없이 살아가는 아이들을 거두기 시작했다. 그렇게 해서 여섯 명의 아들과 세 명의 딸이 그녀의 가족이 되었다.

실리콘밸리의 신화가 되다

그녀는 성공을 이루고자 본격적으로 열정의 엔진을 가동시켰다. 대부분의 이민자들이 주로 파출부나 식당 설거지, 여관 청소, 노점상을 하며 근근이 살아가고 있었지만 그녀는 그렇게 하고 싶지 않았다. 먼 타국까지 온 이상 남부럽지 않게 성공하고 싶었다. 이에 소프트웨어 개발에 뛰어들었다. 가진 것이라고는 허름한 집에 컴퓨터 서너 대와 성공에 대한 불타는 열망과 하고자 하는 의욕이 전부였다. 하지만 그것만으로는 모든 게 다 해결될 수 없었다. 찾아주고 알아주는 이가 없었기 때문이다. 또한 초기 자본금이 부족해서 제대로 된 식사를 할 수 있는 형편도 아니었다. 이때 그녀는 수제비와 고구마를 질리도록 먹어야 했다. 그것마저 살 돈이 떨어지면 정육점에서 내다버린 소뼈를 고아 그 국물로 배를 채웠다. 그러나 그런 어려운 상황에도 불구하고, 자식들에 대한 교육만큼은 한 치도 소홀하지 않았다. 아무리 힘들어도 자식들을 모두 대학에 보냈다.

하지만 시련은 멈추지 않았다. 사업을 시작한 지 6개월 만에 사기를 당해 그나마 있던 재산마저 모두 날리고 만 것이다. 그럼에도 불구하고, 그녀는 그대로 주저앉지 않았다. 마음이 괴롭고 앞날에 대한 두려움이 엄습해 올 때면 태권도복을 입고 흐트러진 마음을 다잡았다. 그렇게 해서 끝까지 포기하지 않고 실력으로 승부를 겨뤘다. 그 결과, 점차 거래처가 늘기 시작했고 그녀의 진가를 알아주는 이들이 늘어나기 시작했다.

사업에 힘이 붙자 그녀는 자식들과 함께 신제품 개발에 박차를 가했다. 그리고 마침내 신제품 개발에 성공해 사업은 대성공을 거두었다. 하지만 그녀는 거기에서 멈추지 않고 다시 다양한 분야로 사업을 확장시켰다. 결국 그녀는 컴퓨터 회사 '라이트하우스'와 웹사이트 회사 '모닝플라넷닷컴', 산업 웹사이트 회사 '데이터스토어', 피부미용장비회사 '엔젤힐링', 화장품 회사 'TYK 코스메틱' 등의 여러 회사를 거닐게 되었다. 나아가 그녀의 성공 신화를 눈여겨본 방송사에 의해 미국 TV 프로그램인 '태연 김 쇼'의 진행자로도 활약하기에 이르렀다. 냉대와 멸시를 받는 삶의 주인공에서 실리콘밸리의 신화가 된 것이다.

얼마 후 그녀는 아주 행복한 생일상을 받았다. 자식들이 그녀에게 생일날 미역국을 끓여준 것이다. 큰아들 스캇은 거실 여기저기에 고추를 매달아놓는 퍼포먼스를 선보이기도 했다.

"어머니, 여자로 태어났다고 그 동안 설움도 많이 당하고 고생도 많으셨죠? 하지만 이제 걱정하지 마세요. 저희가 있잖아요. 저희가 어머니를 지켜드릴게요."

그녀는 피 한 방울 섞이지 않은 자식들을 껴안은 채 뜨거운 눈물을 흘렸다. 죽을 만큼 힘들었던 지난날들이 주마등처럼 스쳐지나갔다. 그러나 이제는 웃으며 말할 수 있었다.

"그런 날들이 없었다면, 어떻게 내가 너희들을 만날 수 있었겠니. 하지만 명심해야 할 게 있단다. 더 이상 과거의 아픔이나 상처와 싸워서는 안 된다는 거야. 자기 자신이 최고라고 믿어야 해. 자기 자신을 사랑할 줄 아는 사람만이 고통과 시련을 현명하게 극복할 수 있기 때문이지."

세상에서 가장 불행했던 여인, 김태연. 그러나 이제 더 이상 그녀는 불행의 주인공이 아니다. 이 세상에서 가장 행복한 삶을 살고 있기 때문이다. 나아가 이 세상에서 가장 희망적인 삶을 살고 있다. 그리고 그 존재만으로도 많은 이들에게 위안과 꿈을 심어주는 희망의 증거가 되었다.

삶으로부터 절대 도망가지 마라

밤하늘에 빛나는 수많은 별들은 누가 알아주건, 알아주지 않건 간에 스스로 빛을 낸다. 사람 역시 마찬가지다. 스스로 빛을 내야만 인생을 아름답게 수놓을 수 있고 다른 사람들에게 꿈을 심어줄 수 있다. 스스로 빛나는 힘, 그 힘을 열정이라고 말한다.

그런 점에서 김태연은 별과도 같은 존재이다. 삶의 상처와 짐을 안고 미국으로 건너 간 그녀는 그곳에서 숱한 고생을 겪으면서도 좌절하지 않고 태권도 그랜드마스터로, 실리콘밸리 신화를 창조한 기업인으로 우뚝 섰다.

왜 그녀라고 주저앉고 싶은 날이 없었겠는가. 왜 그녀라고 인생의 무게를 내려놓고 싶지 않았겠는가. 하지만 그녀는 결코 무너지지 않았다. 한 번 무너지면 인생 전체가 무너진다는 사실을 잘 알고 있었기 때문이다. 그래서 그녀는 가슴 깊은 곳에 잠재되어 있는 열정이라는 에너지를 긁어모아 위로 끌어올렸다. 그리고 스스로 빛나지 않으면 단 하루도 견뎌낼 수가 없다는 듯 그 에너지를 분출하였다.

그녀는 인생의 고비마다 자신을 토닥거리며 이렇게 주문을 외웠다고 한다. "He can do, she can do, why not me?(그도 할 수 있고, 그녀도 할 수 있는데, 왜 나라고 못하겠는가?)"

이처럼 식지 않은 열정을 품고 발산하며 살았기에 최고의 위치에 설 수 있었고 작은 거인이라 불릴 수 있었던 것이다.

인생에 열정을 더하라

하루 24시간은 누구에게나 똑같이 주어진다. 그런데 어떤 사람은 24시간을 바삐 움직이는 반면, 어떤 사람은 빈둥거리며 하루를 무의미하게 보낸다.

전자의 경우 힘들고 고달프지만 그래도 하루하루를 만족해하며 산다. 자신이 꿈꾸던 일과 이루고자 하는 목표가 점점 더 다가오고 있음을 알기 때문이다. 또 이들은 매사에 활기가 넘친다. 그래서 바쁘게 움직이면서 스스로 열정의 에너지를 만들어낸다. 한 마디로 인생을 뜨겁고 치열하게 사는 것이다.

반면, 후자의 경우 하루가 길고, 따분하며, 지루하게만 느껴진다. 그러다보니 미래에 대한 기대 역시 별로 없다. 오늘이나 내일이나 별 차이가 없을 것이라고 단정하고 변화 자체를 거부하고 현실에 안주한다.

인생이 따분하고 지루하게 느껴지는 사람들의 머릿속은 대략 다음과 같은 생각들로 가득 차 있다.

- ▶ 세상은 너무 불공평해. 성공은 이미 정해져 있어.
- ▶ 힘든데 오늘은 그만하고 다음에 하지 뭐.
- ▶ 나는 이미 실패했어.
- ▶ 어차피 성공은 내 것이 아니야.
- ▶ 잘난 놈들이 많은데, 어떻게 내가 성공할 수 있겠어.
- ▶ 인생은 재미없고 너무 심심해.

이들에게 인생에 대한 애정과 애착이 있을 리 없다. 이에 자신의 인생을 마치 남의 것인 양 돌보지 않고 방관하게 되고, 자극이나 변화에 둔감해질 뿐만 아니라 알맹이가 없는 껍데기 같은 삶을 살게 된다.

이와 관련하여 TV CF 중에서 인상 깊은 광고가 하나 있다. 한 저축은행의 광고였는데 늠름하고 용맹스러운 장군이 말 위에서 칼을 휘두르며 소리를 지른다. 그런데 갑자기 화면이 바뀌더니 장군이 허름한 옷을 입은 채 막대기를 든 거지로 변한다. 그리고 다음과 같은 내레이션이 나온다.

'칭기즈칸, 그에게서 열정이 없었다면 그는 이름 없는 거지에 지나지 않았을 것이다.'

그리고 광고가 끝나는 부분에서 다음과 같은 내레이션이 나온다.

'인생에 열정을 더하라.'

어디 칭기즈칸뿐이겠는가. 인생에 있어서 열정을 뺀다면 그 인생은 아무런 의미도 없고 살아야 할 이유도 없을 것이다.

열정을 가진 사람은 세상일에 관심을 갖고 꿈과 목표를 정하면 계획을 세우고 실행으로 옮긴다. 늘 흥미로운 일을 찾아 헤매며 새로운 일에 대한 두려움도 망설임도 없다.

오늘을 생애 최고의 날로 만들어라

이 세상에는 열정적인 삶을 사는 사람들이 수없이 많다. 열정은 삶의 에너지이자 성공으로 가는 지름길이기도 하다. 열정으로 성공을 이끈 사람들 중 빼놓을 수 없는 사람이 있다.

'존 우든'이라는 농구감독이 있다. 그는 미국 UCLA 대학 농구팀 감독으로 내셔널 챔피언십에서 12년간 무려 10번이나 우승을 차지했을 만큼 농구계의 전설로 불린다. 그렇게 많은 우승을 거머쥘 수 있었던 비결은 과연 뭘까.

　기자들은 그를 만날 때마다 우승 비결과 선수 지도 방식에 대해서 물었다.

　"감독님, 혼자만 우승하는 건 좀 너무하지 않습니까? 우승을 만들어내는 감독님만의 비법이 있는 것 같은데 그 비법을 다른 사람들과 공유하지 않겠습니까? 그 기적 같은 일을 다른 팀들도 느낄 수 있게 허락해주세요."

　그러자 그는 머리를 긁적거리며 다음과 같이 말했다.

　"저도 공유하고 싶지만 맹세코 비법 같은 건 없습니다. 저 역시 다른 감독들과 똑같은 방식으로 훈련을 시킵니다. 1~2시간 개인 훈련을 하며 가볍게 몸을 푼 후 팀을 짜서 시합을 합니다. 그게 전부입니다."

　"정말입니까? 남들과 똑같이 하는데 왜 UCLA 대학 농구팀만 우승을 하는 거죠? 제발 숨기지 말고 말씀해주세요. 대학 농구의 발전을 위해서라도 꼭 부탁드립니다."

　여전히 그는 난감한 표정을 지었다. 아무리 생각해봐도 자신만의 특출한 지도 방식이 없었기 때문이다.

　오랜 생각 끝에 그는 입을 열었다.

　"아무리 생각해봐도 저만의 독특한 지도 방식은 없습니다. 있는 것을 없는 척하는 게 아니라 정말로 없습니다. 굳이 다른 점이 있다면 이게 아닐까 싶습니다. 다른 감독들은 대부분 중요한 시합이 있기 한 달

전부터 강도를 높여 집중적으로 훈련을 시키는 걸로 알고 있습니다. 그러나 저는 그렇게 하지 않습니다. 중요한 시합이 있건 없건 항상 오늘에 초점을 맞춥니다. 그래서 연습경기에서도 열정을 다 쏟으라고 말합니다. 즉, 오늘을 생애 최고의 날로 만들라고 말하죠. 그리고 연습이 끝난 후, 잠자리에 들기 전에 스스로에게 이렇게 물어보라고 합니다.

'오늘 나는 열정을 다 쏟았는가?'

그 질문에 자신 있게 '예스'라고 대답을 할 수 있는 선수만이 나의 제자가 될 자격이 있습니다. 자꾸 우승 비법을 물어보시니 이것이라고 해둡시다. 이제 답이 되셨나요?"

인생은 하루하루가 쌓여서 완성된다. 그제와 어제가 쌓여 오늘이 되고, 오늘을 지나야 내일이 된다. 또 수많은 내일들이 모여 미래가 되는 것이다.

그렇다. 인생의 성공 비법은 바로 존 우든이 말했듯이 '오늘 하루 열정을 다 쏟았는가?'에 있다. 이에 오늘 하루를 정말 열심히, 그리고 흡족하게, 마지막인 것처럼 최선을 다해서 살았다면 그것이야말로 인생을 제대로 사는 것이다.

삶에 결코 다음은 없다. 이것이 바로 우리가 매순간 최선을 다해야 하는 이유다.

성공한 사람들이 도전을 멈추지 않는 이유

'눈덩이 효과(snowball effect)'라는 게 있다. 산꼭대기에서 작은 눈덩이를 굴리면 결국에는 어마어마하게 큰 눈덩이가 되는 것처럼 작은 성공으로 인해 만족감을 느낀 사람은 더 큰 성공을 위해 더 많은 열정을 쏟아 붓게 된다는 것이다. 그런 이유로 성공한 사람들은 열정적으로 사는 게 습관이 되어 있다.

성공한 사람들의 특징 중에 하나가 바로 '열정'이다. 물론 성공하지 못한 사람들에게도 열정이라는 게 있긴 하다. 그러나 그 열정에는 온도차이가 있다.

성공한 사람들의 열정이라 함은 오늘 반짝하고 뜨거워졌다가 금방 식어버리는 일시적인 것이 아니다. 그들은 어느 시점에 열정을 극도로 집중하여 쏟아 붓기도 하지만 평상시에도 열정의 엔진을 늘 가동시킨다. 또한 성공을 이룬 후에도 열정에 대해 결코 소홀하지 않는다. 어쩌면 성공을 거둔 후에 더 많은 열정을 쏟는지도 모른다.

여기서 의문이 하나가 든다.

"성공했으면 좀 더 여유롭게 살지, 왜 그렇게 바쁘게 살지?"

빌 게이츠나 워렌 버핏, 오프라 윈프리 등 세계적인 부자들은 평생 먹고 놀고 써도 다 쓰지 못할 만큼 많은 자산을 소유하고 있다. 그런데도 그들은 쉬지 않고 하루하루를 열정적으로 살아간다. 특히 빌 게이츠는 미래를 예측하는 능력과 시대의 흐름을 읽는 탁월한 능력으로 항상 새로운 기회를 만들고, 새로운 세상을 연다는 믿음 아래 세상의 모든 현상에 대한 호기심의 스위치를 내려놓지 않고 있다. 워렌 버핏 또한 투자의 흐름과 미래 경제를 예측하기 위해 단 하루도 경제 관련 서적을 손에서 내려놓지 않으며 마음의 고삐를 풀지 않고 있다. 오프라 윈프리는 어떠한가. 불우한 환경과 흑인이라는 악조건을 이겨내고 세계 최고의 방송 재벌이 되었다. 그러나 보다 더 새롭고 획기적인 방송 콘텐츠를 개발하기 위해 하루 24시간이 모자랄 정도로 여전히 이리저리 뛰어다니고 있다. 성공이라는 달콤한 열매를 이미 충분하게 수확했음에도 불구하고, 그들은 왜 이토록 열정적인 삶을 사는 것일까.

그들이 이렇게 계속해서 도전을 멈추지 않는 이유는 열정의 속성에 대해서 매우 잘 알고 있기 때문이다.

열정이 사라지는 순간, 꿈과 성공은 물론 인생 역시 멈추게 된다. 때문에 그들은 매순간 열정적으로 살아가며, 앞을 향해 달려가고 있는 것이다.

그렇다면 성공한 사람들은 모두 처음부터 타고난 열정가였을까?

어릴 때부터 남들보다 성취욕이 강하고 승부욕이 강한 아이들이 있다. 그러나 성공한 사람들이 모두 열정의 DNA를 갖고 태어난 건 아니다. 그런 점에서 그들이 열정을 타고 났다기보다는 열정을 키웠다는 것이 맞는 표현이다. 열정은 키우면 키울수록 더 뜨겁고 큰 힘을 발휘하기 때문이다.

다치고, 상처받고, 그래도 나는 다시

다치고,
상처받고,
그래도 나는 다시

초판 1쇄 인쇄 2015년 9월 10일
초판 1쇄 발행 2015년 9월 17일

지은이 김이율
발행인 임채성
디자인 산타클로스

펴낸곳 도서출판 루이앤휴잇
주 소 서울시 양천구 목동 923-14 드림타워 제10층 1010호
전 화 070-4121-6304   **팩 스** 02)332-6306
메 일 pacemaker386@gmail.com
출판등록 2011년 8월 30일(신고번호 제313-2011-244호)

종이책 ISBN 979-11-86273-05-0   13320
전자책 ISBN 979-11-86273-06-7   15320